ESBALUARD
MUSEU

SOM PALAU / SOM ESTABLE

SOY PALACIO / SOY ESTABLO

I AM A PALACE / I AM A STABLE

Ana Laura Aláez

FILERA DE TRAÏCIONS[1]

La manera en què cada un/a es posiciona davant l'art comportarà una prova de foc per a les relacions interpersonals, però serà l'obra mateixa que, amb el temps, donarà fe, no només del que cada un/a pugui aportar, sinó també dels seus vincles amb el món.

En el procés de creació i de correcció d'una escultura s'actua, com actua una ballarina quan assaja una coreografia; l'acció de modificar i refer és una bona part de la seva constitució. A *Hilera de traiciones* s'incorporen crisis i ensorraments personals com una altra mena de material que serà més o menys evident. Pensaments foscos clamen per aparèixer tangencialment dibuixant esdeveniments espacials que s'han anat repetint al llarg de molts de moments, amb unes conseqüències que no es podien predir, però que han anat deixant empremta. El pols real d'aquesta escultura ha estat un record: una imatge nítida d'infantesa en què una dona, en silenci, amb les mans nues, utilitzava un grapat d'aquesta fibra vegetal per polir la xapa d'una cuina de llenya. En raspar la superfície sonava una altra mena de veu, inhumana, més salvatge, més sorollosa, fins a aparèixer la lluentor desitjada del metall al final del procés de desgast. Era quelcom percebut com una sensació incòmoda, mutada ara en aquests enfilalls de cabells trenats. Veure pèl daurat on el cos es doblegava. Rememorar alguna cosa que no es va entendre en aquell moment per la seva cruesa. Fou rebuig, ara és riquesa. En aquella acció humil hi havia dos elements que es troben també en la pràctica artística: la redempció i el sacrifici. ALA

---

1. *Filera de traicions*, 2024. Espart, anilles d'acer inoxidable i barres de ferrro, mides variables. Cortesia de l'artista

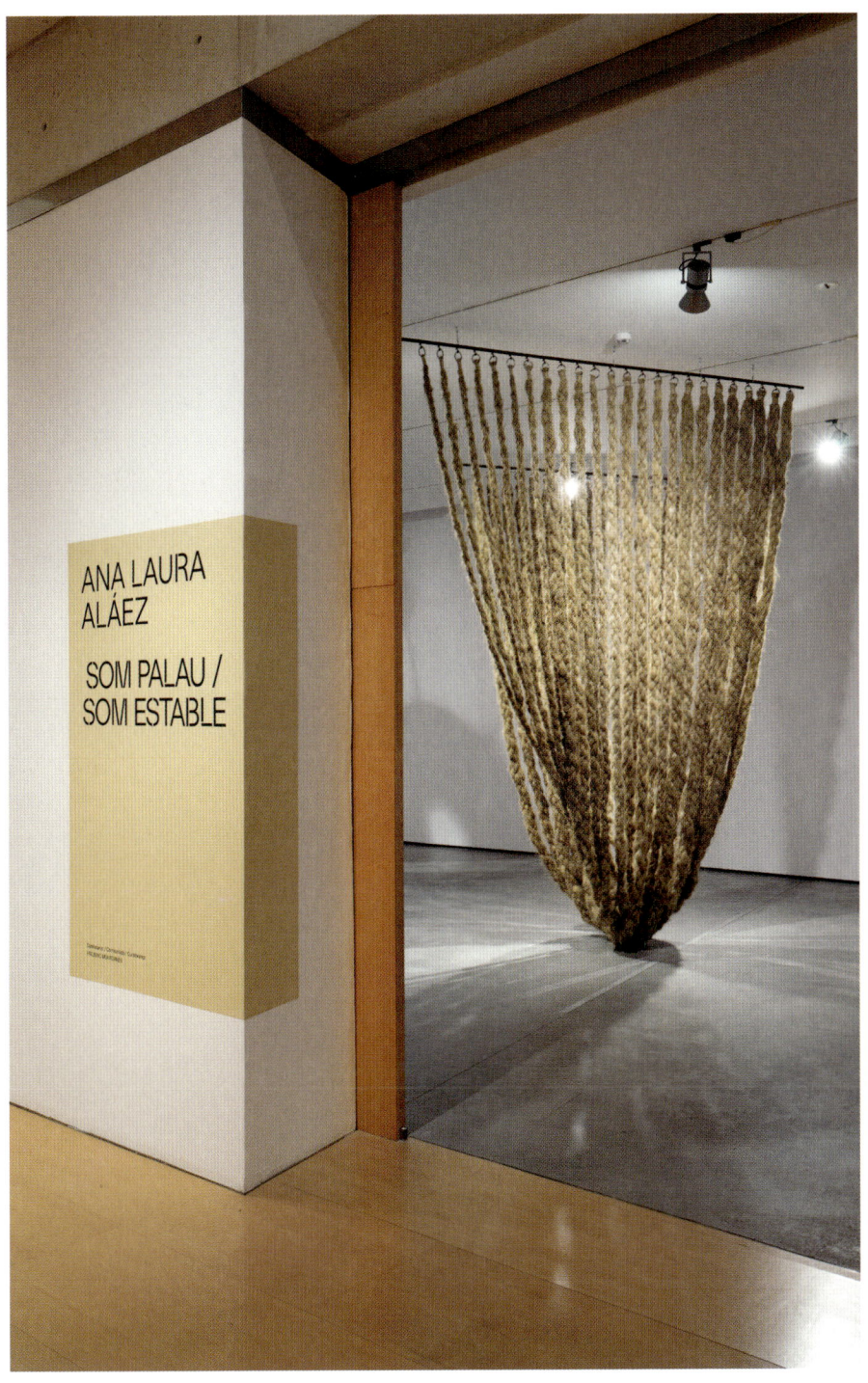

ANA LAURA
ALÁEZ

SOM PALAU /
SOM ESTABLE

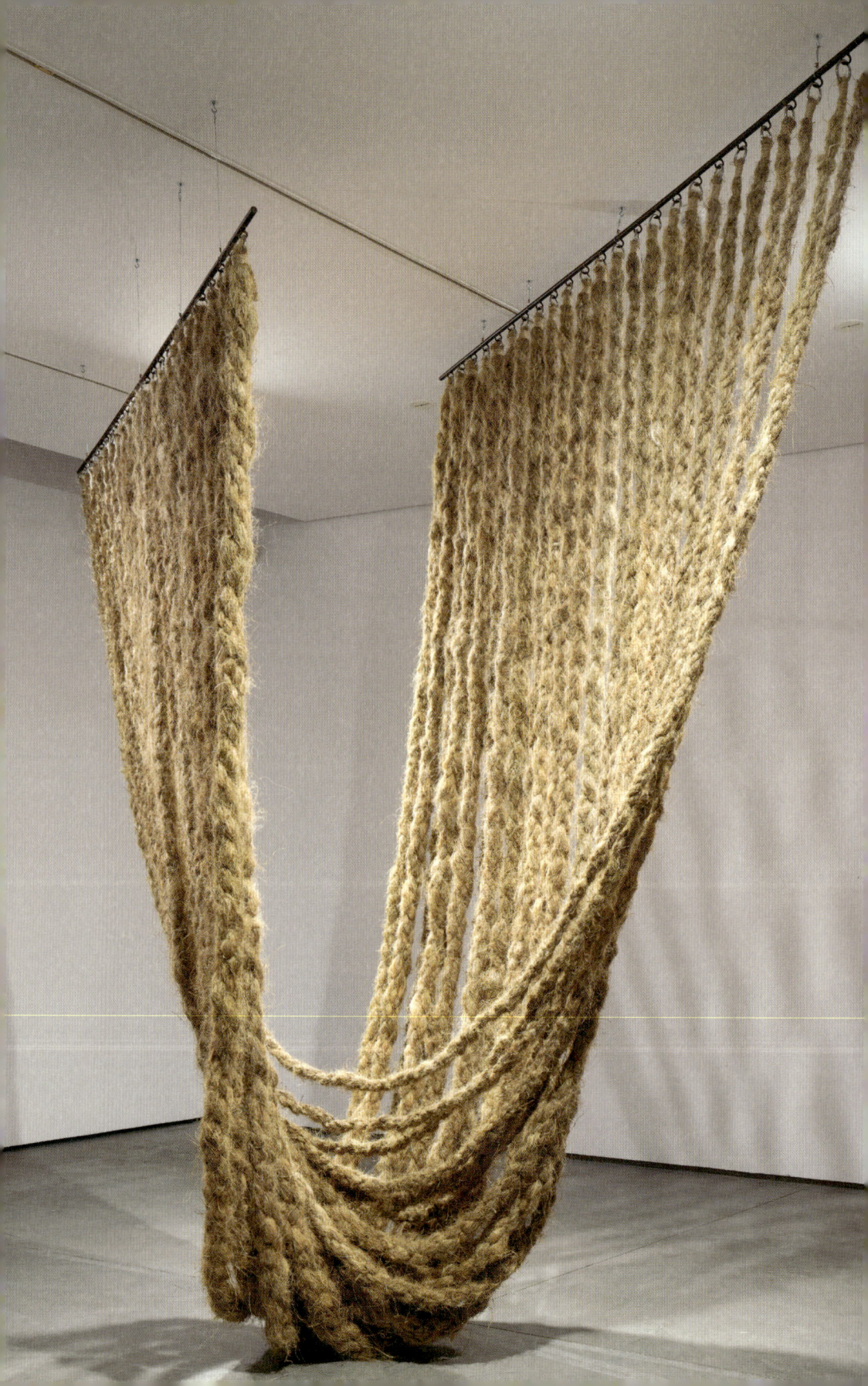

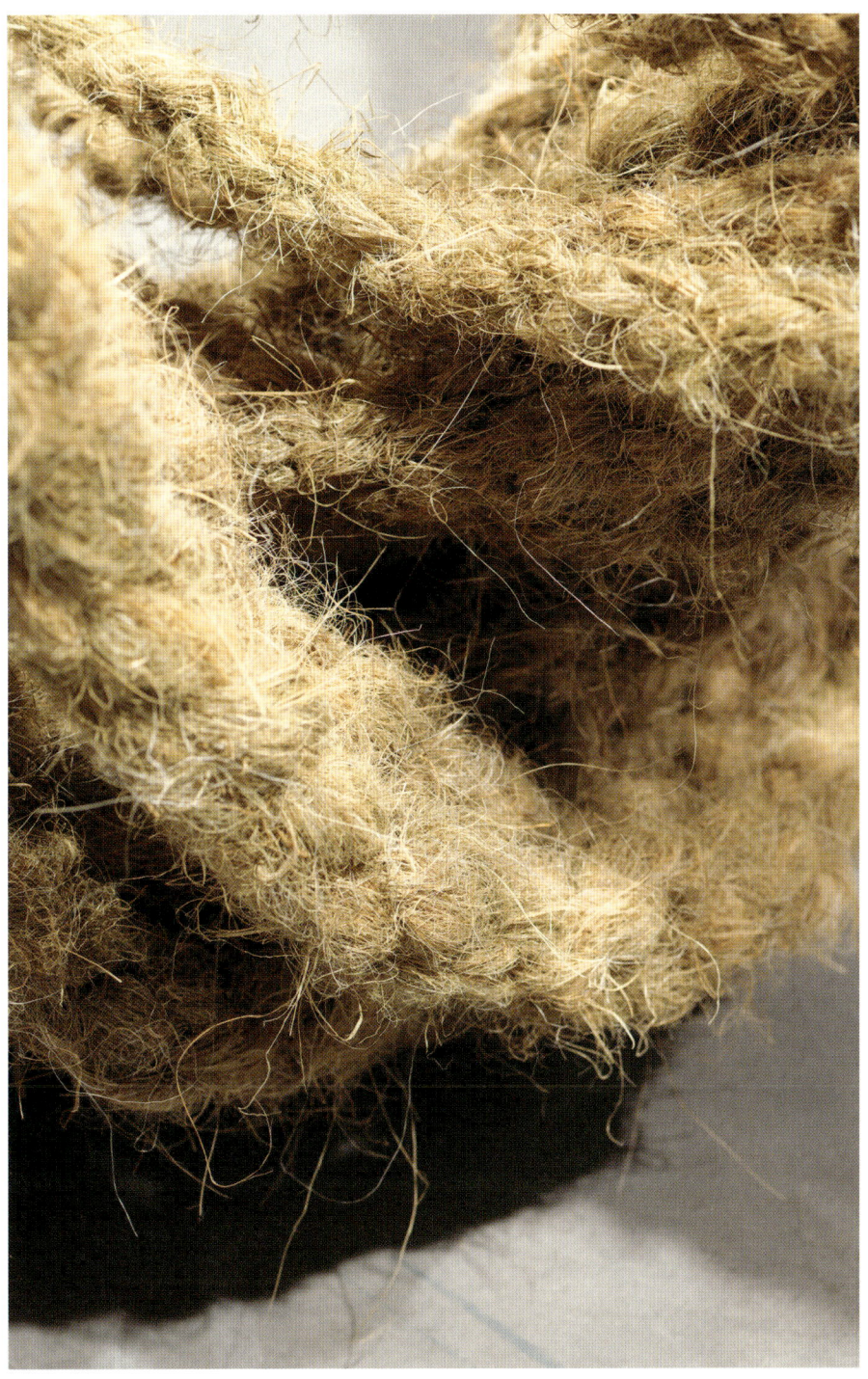

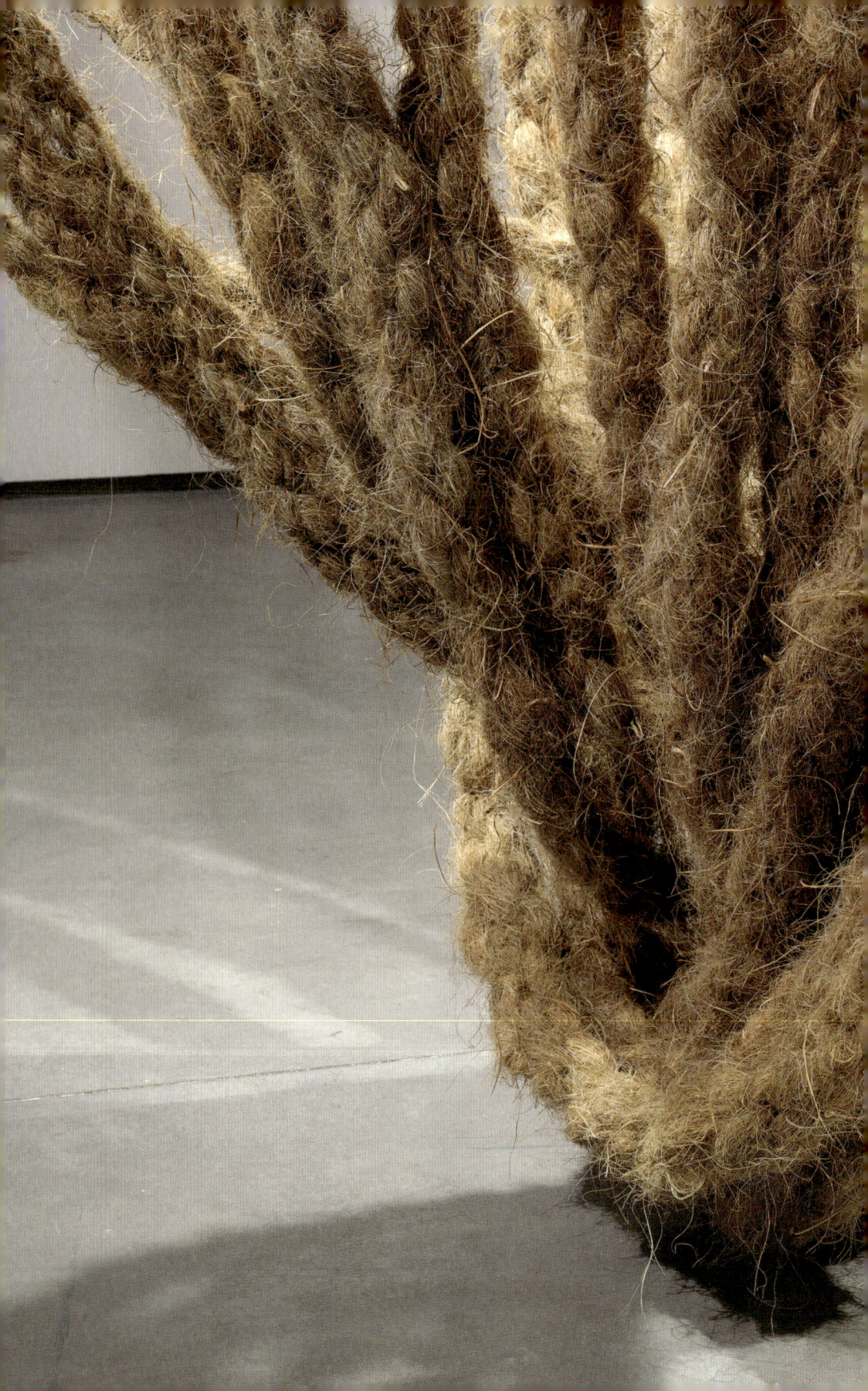

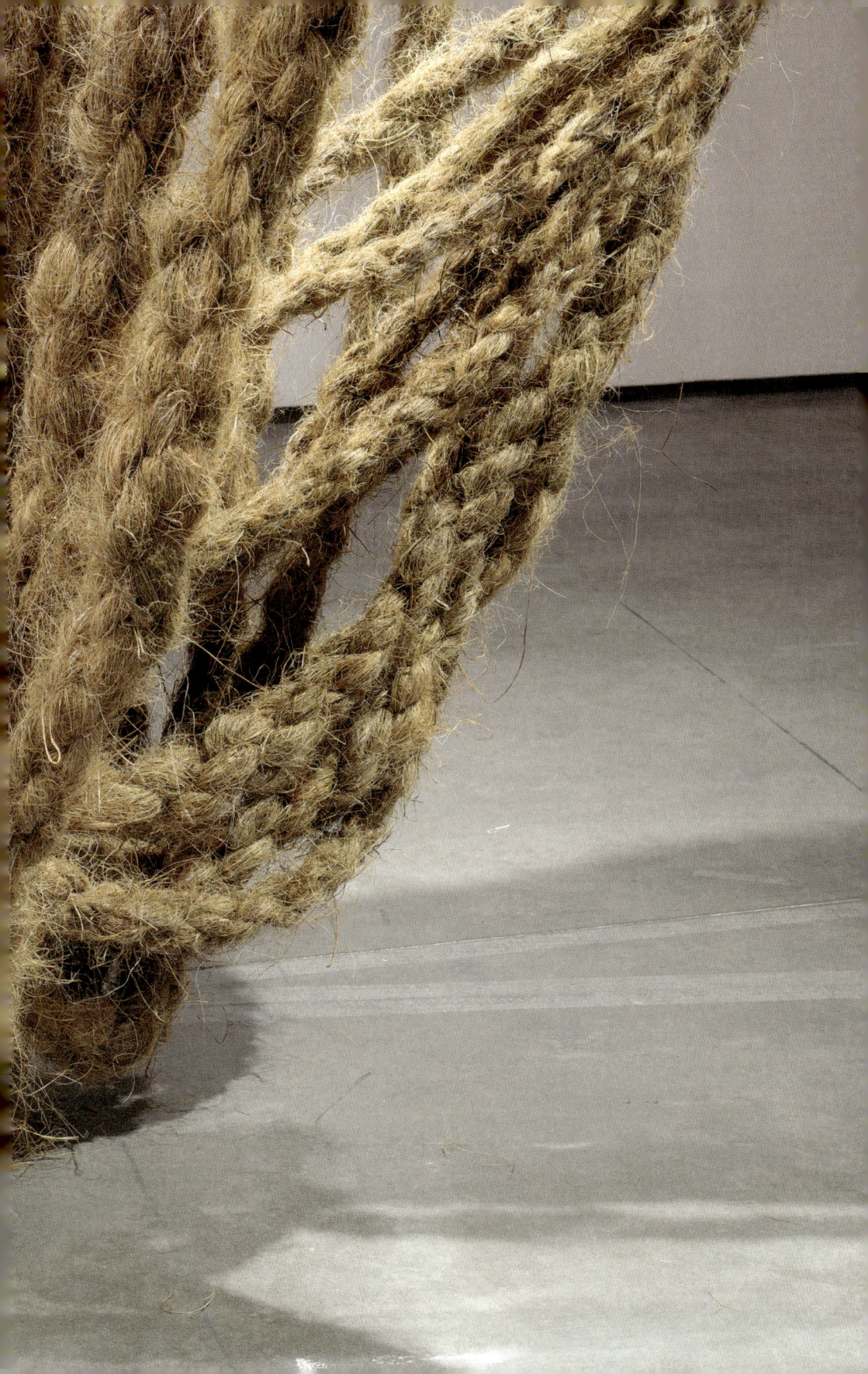

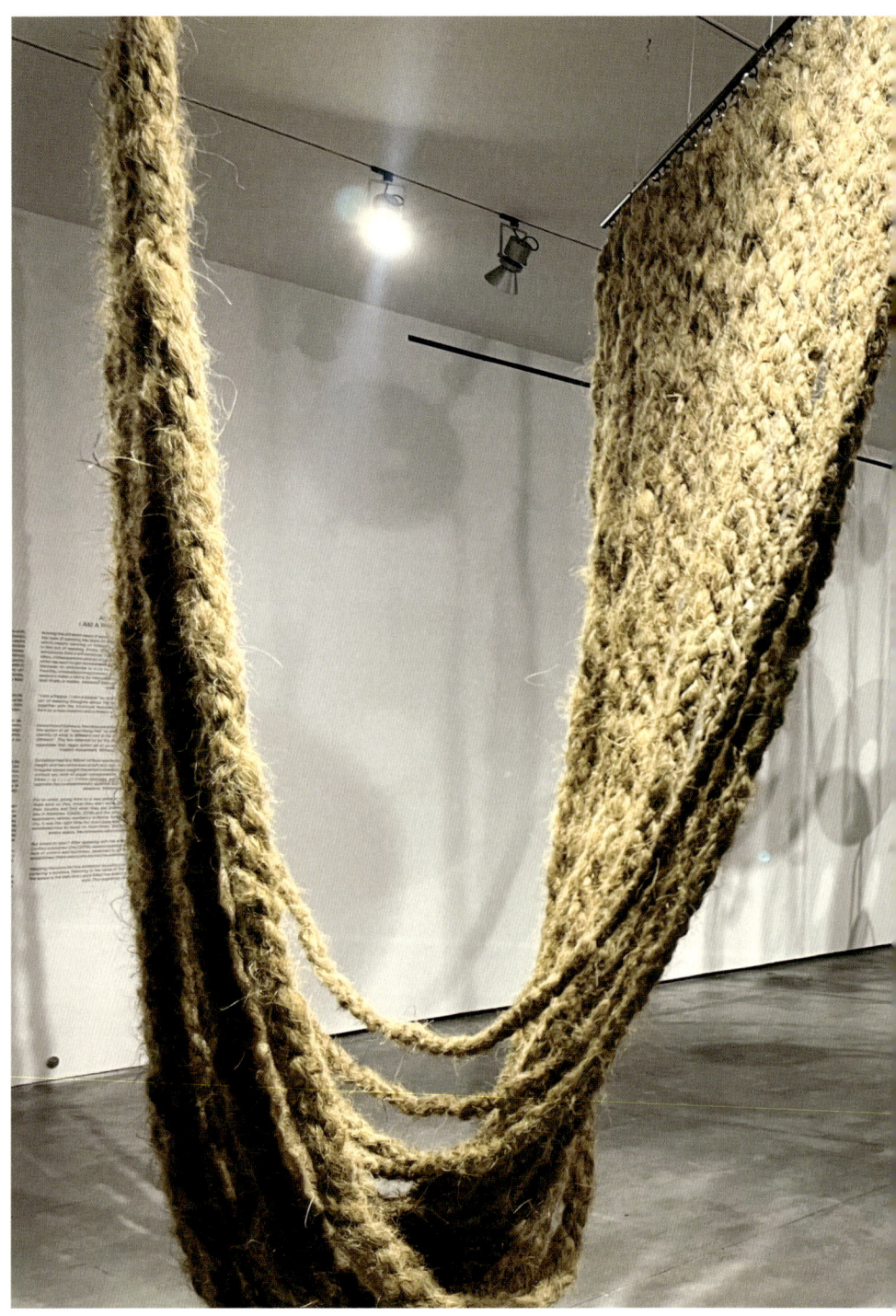

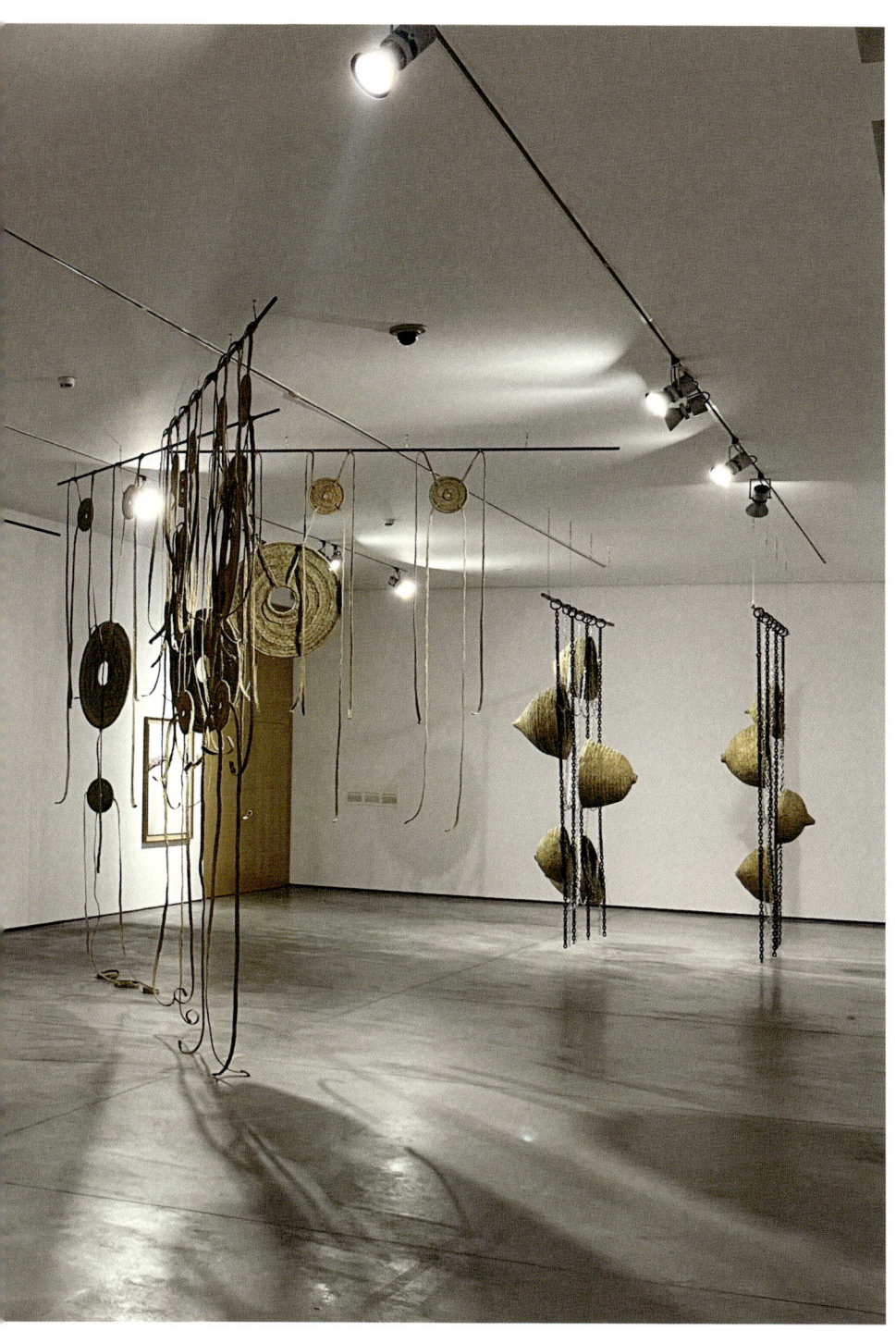

HILERA DE TRAICIONES[1]

La manera en que cada uno/a se posiciona ante el arte supondrá una prueba de fuego para las relaciones interpersonales, pero será la propia obra la que, con el tiempo, dará fe, no solamente de lo que cada uno/a pueda aportar, sino también de sus vínculos con el mundo.

En el proceso de creación y de corrección de una escultura se actúa, como actúa una bailarina cuando ensaya una coreografía; la acción de modificar y rehacer es una buena parte de su constitución. En *Hilera de traiciones* se incorporan crisis y derrumbamientos personales como otra clase de material que resultará más o menos evidente. Pensamientos oscuros claman por aparecer tangencialmente dibujando acontecimientos espaciales que se han ido repitiendo a lo largo de muchos momentos, con unas consecuencias que no se podían predecir, pero que han ido dejando huella. El pulso real de esta escultura ha sido un recuerdo: una nítida imagen de infancia en la cual una mujer, en silencio, con sus manos desnudas, utilizaba un puñado de esta fibra vegetal para pulir la chapa de una cocina de leña. Al arañar la superficie sonaba otra clase de voz, inhumana, más salvaje, más ruidosa, hasta aparecer el ansiado brillo del metal al final del proceso de desgaste. Era algo percibido como una sensación incómoda, mutada ahora en estas ristras de cabellos trenzados. Ver pelo dorado donde el cuerpo se doblegaba. Rememorar algo que no se entendió en su momento por su crudeza. Fue rechazo, ahora es riqueza. En aquella humilde acción se daban dos elementos que se encuentran también en la práctica artística: la redención y el sacrificio. ALA

1. *Hilera de traiciones*, 2024. Esparto, anillas de acero inoxidable y barras de hierro, medidas variables. Cortesía de la artista

A ROW OF BETRAYALS[1]

The way in which we all individually position ourselves with respect to art may be an acid test for interpersonal relations, but over time it is the artwork itself that not only attests to what we can each provide but also reveals its ties with the world.

In the process of creating and correcting a sculpture, one acts like a dancer practising a move: the action of modifying and redoing makes up a large part of the whole business. *Hilera de traiciones* adds personal crises and collapses as an additional sort of material that becomes more or less evident. Clamouring dark thoughts appear tangentially to draw spatial events repeated over the course of many moments, with unpredictable consequences that have gradually left their mark. The real pulse in this sculpture is a memory: a clear childhood image of a silent woman with bare hands using a fistful of esparto to polish the metal on a wood-burning kitchen stove. Whenever she scratched the surface, another louder, wilder, nonhuman voice would ring out until the eagerly awaited shiny metal began to appear at the end of a long process of grinding away. What was once perceived as a harsh experience has now mutated into these plaited strands of hair. Seeing golden hair where the body once toiled. Recalling something too raw to grasp at the time. Then it was rejection; now it is riches. This humble action contained two ideas also found in artistic practice: redemption and sacrifice. ALA

1. *A Row of Betrayals*, 2024. Esparto, stainless steel rings and metal bars, variable dimensions. Courtesy of the artist

EL CONFLICTE ÉS UN ALTRE[1]

INFINITES VEGADES EL MATEIX LLOC[2]

Espècie de màscara ancestral, amb orificis o perforacions i els nexes fràgils de les seves relacions internes i externes. Una xarxa irregular basada en la repetició, en la transformació de l'horitzontal en vertical, en la fabricació d'una tridimensionalitat a partir d'un pla, en l'escriptura d'un relat biogràfic, en l'acció d'aixecar-se independentment de les circumstàncies..., sempre posant èmfasi en allò inconclús de les estructures i en la impossibilitat d'aconseguir alguna certesa. Els cercles foradats, un element que es repeteix i reapareix constantment en el treball des de l'inici, esdevenen el símbol d'un lliscament amb fricció. L'espart, un material a penes tractat, cru, aspre, del color de la terra, treballat amb les mans, remet a una cultura més atàvica. Allò vernacle o nadiu apunta a una acronologia, a una simultaneïtat, a l'etern retorn de l'obsessió sobre uns mateixos temes i propòsits.

Una obra duplicada, presentació sincrònica de versions separades en el temps. El doble i la repetició, les dues cares del mateix cos de Janus. Si els atributs d'aquest déu romà evidencien una naturalesa múltiple en cada persona: de la porta (dins/fora), de la clau (obert/tancat) i del començament (inici/final), en aquestes dues escultures es recrea un buit en l'espai del museu. Les naturaleses binàries sovint s'han simbolitzat amb dos caps que miren en direccions contràries. El temple de Janus es mantenia obert en temps de guerra i tancat en temps de pau. Aquí també hi ha quelcom de metàfora de la visibilitat de l'artista: no de la seva visibilitat social, sinó de deixar-se veure en els seus propis termes, més enllà del que és efímer, a través, d'alguna cosa material. Un llindar que és acolliment i expulsió alhora. ALA

1. *El conflicte és un altre*, 2018. Espart i barres de ferro, mides variables. Cortesia de l'artista

2. *Infinites vegades el mateix llloc*, 2024. Espart i barres de ferro, mides variables. Cortesia de l'artista

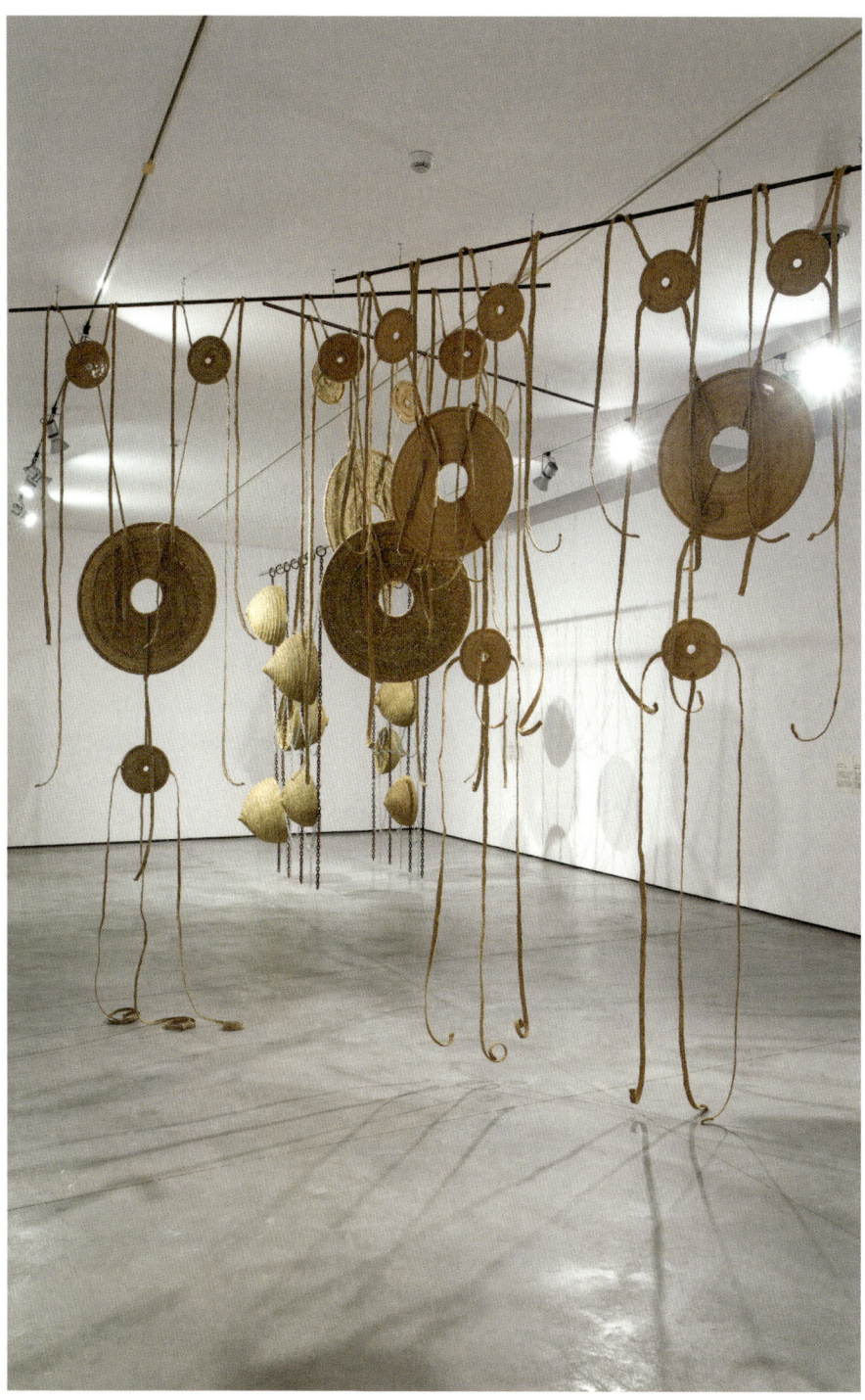

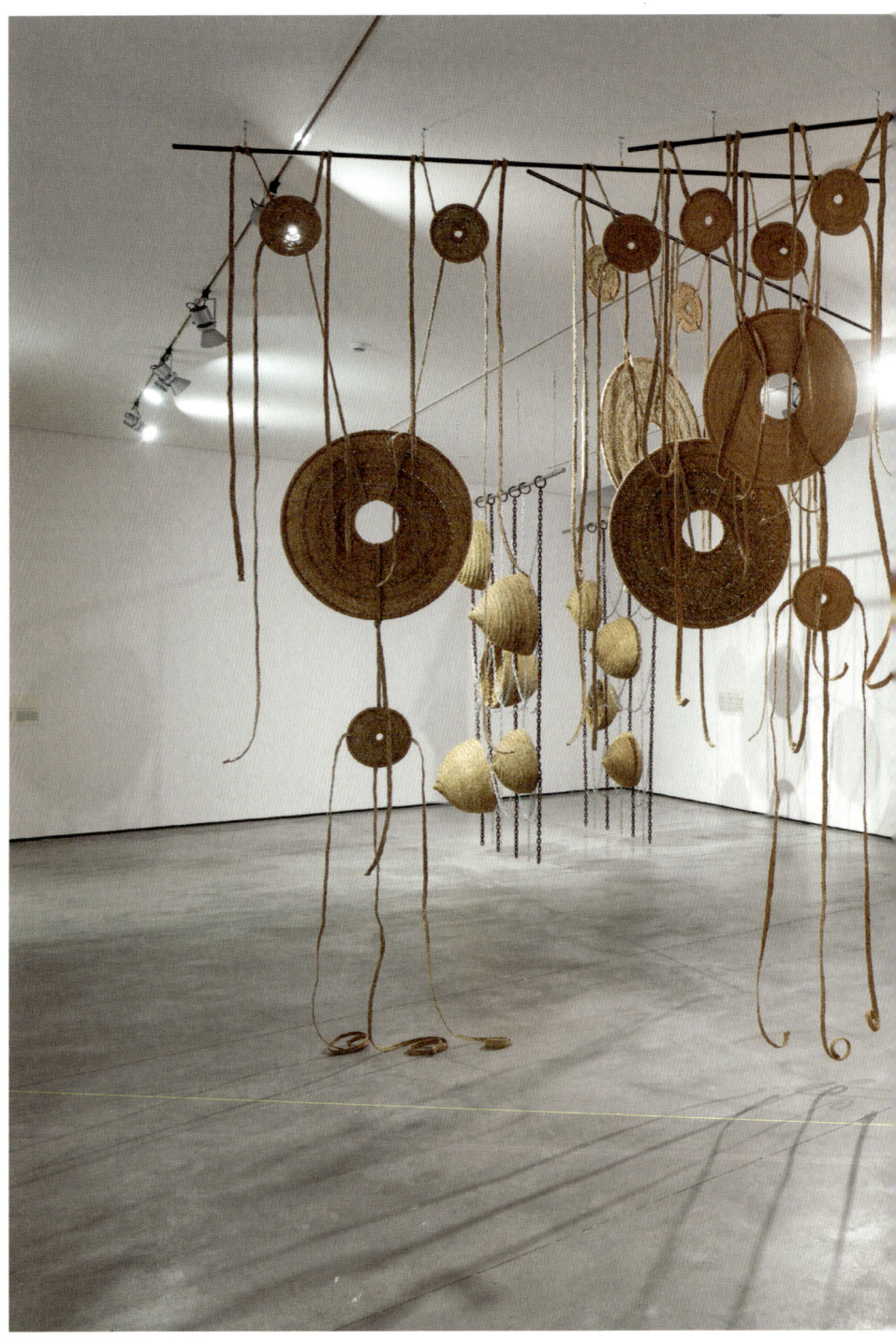

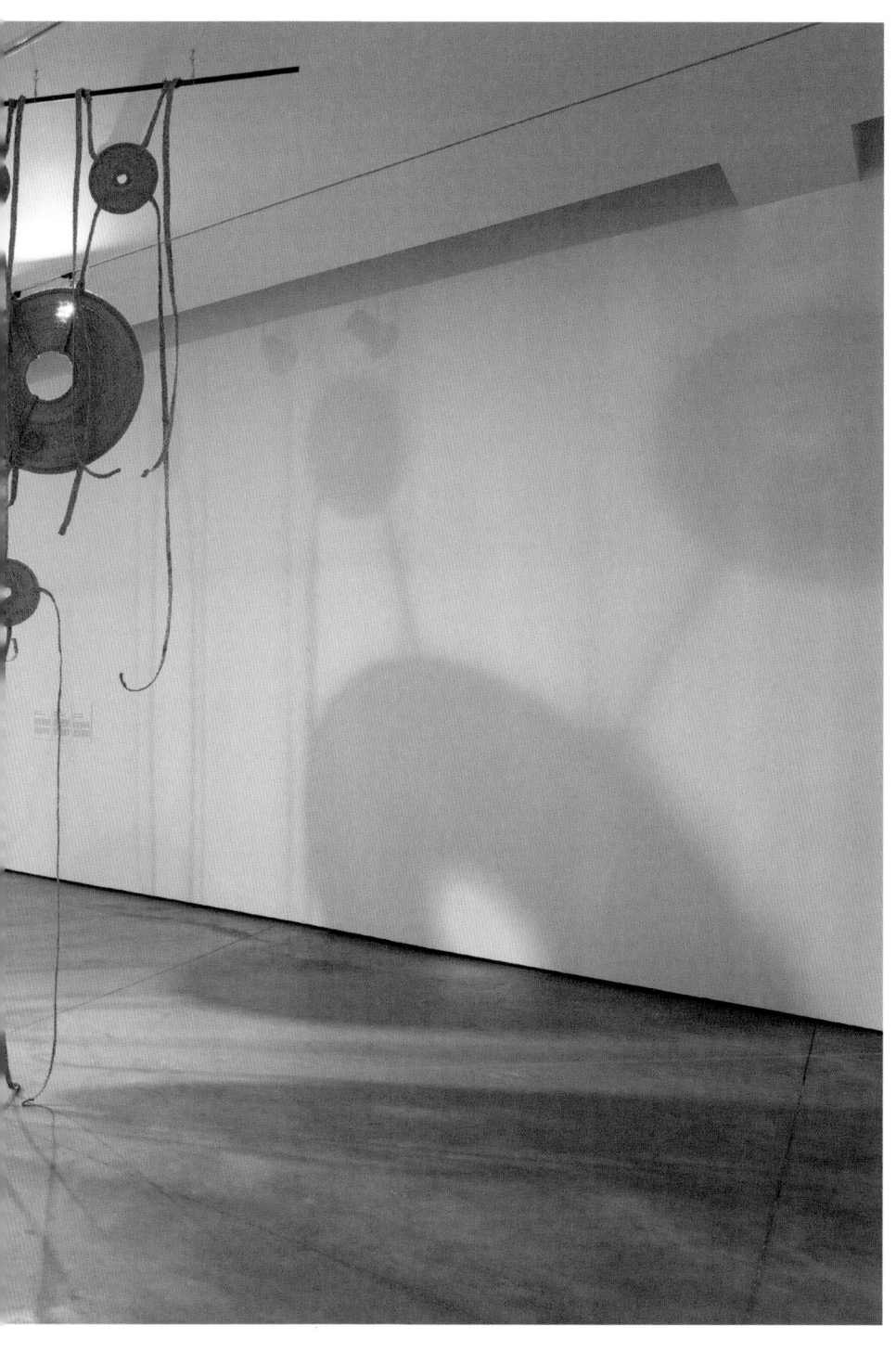

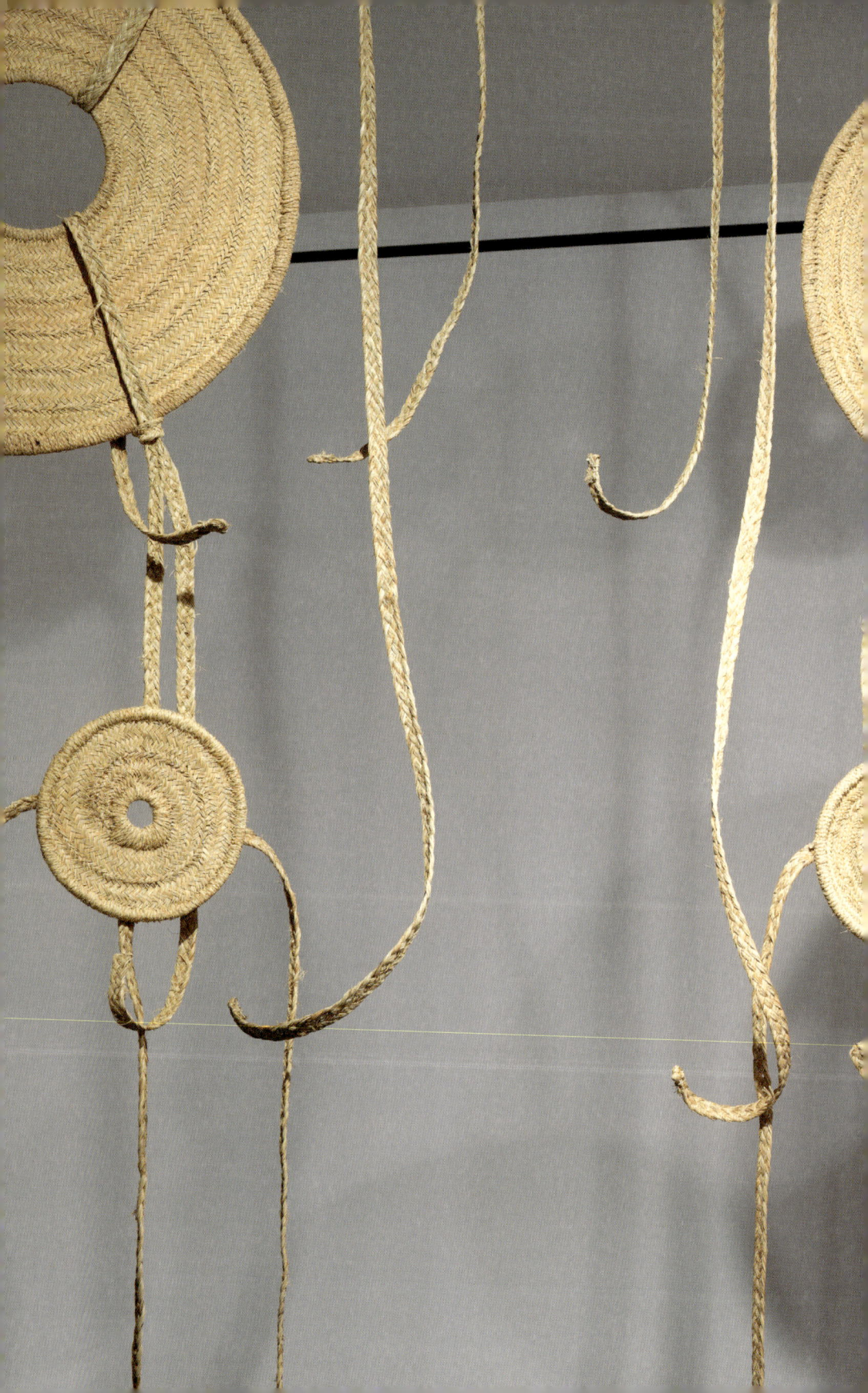

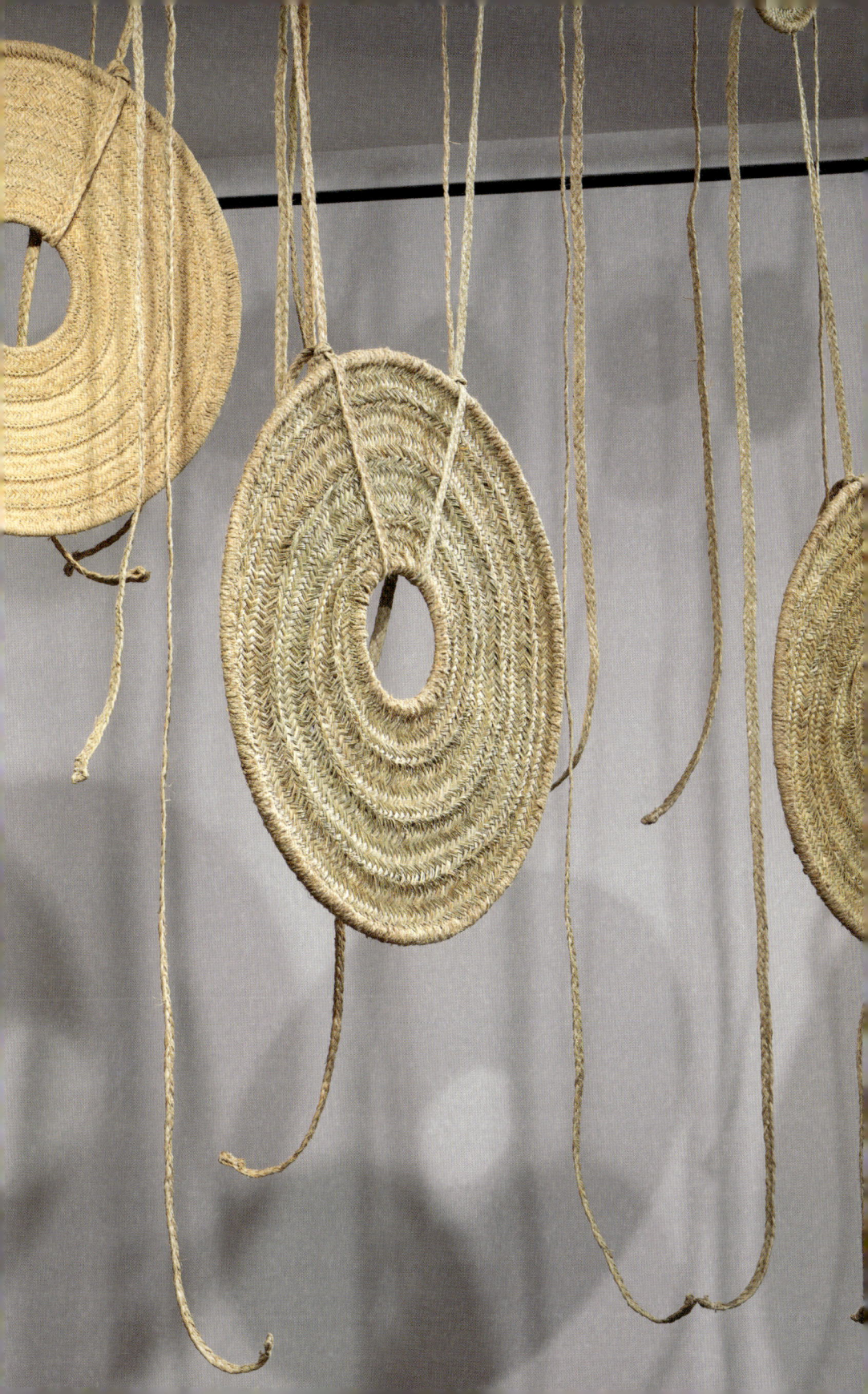

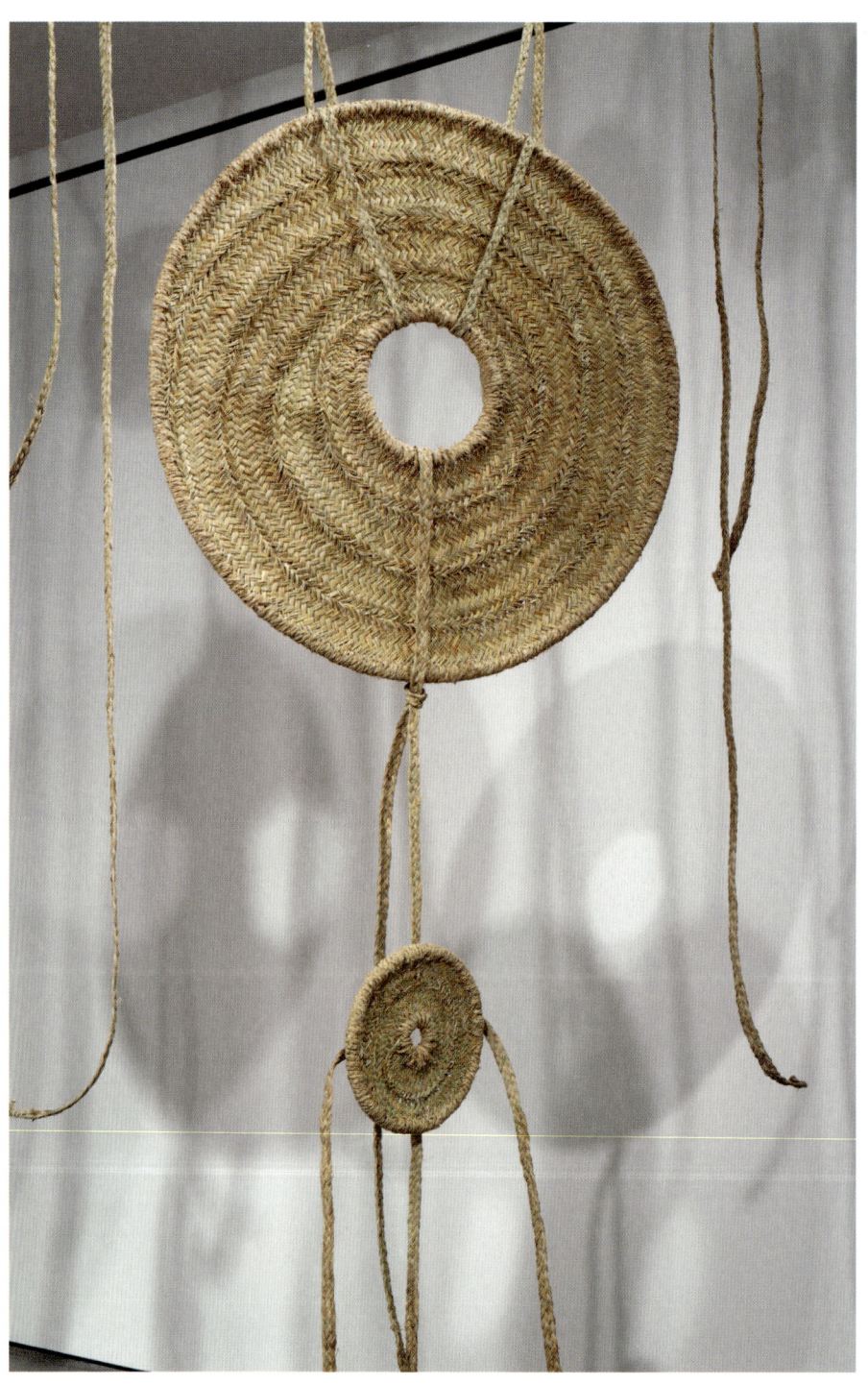

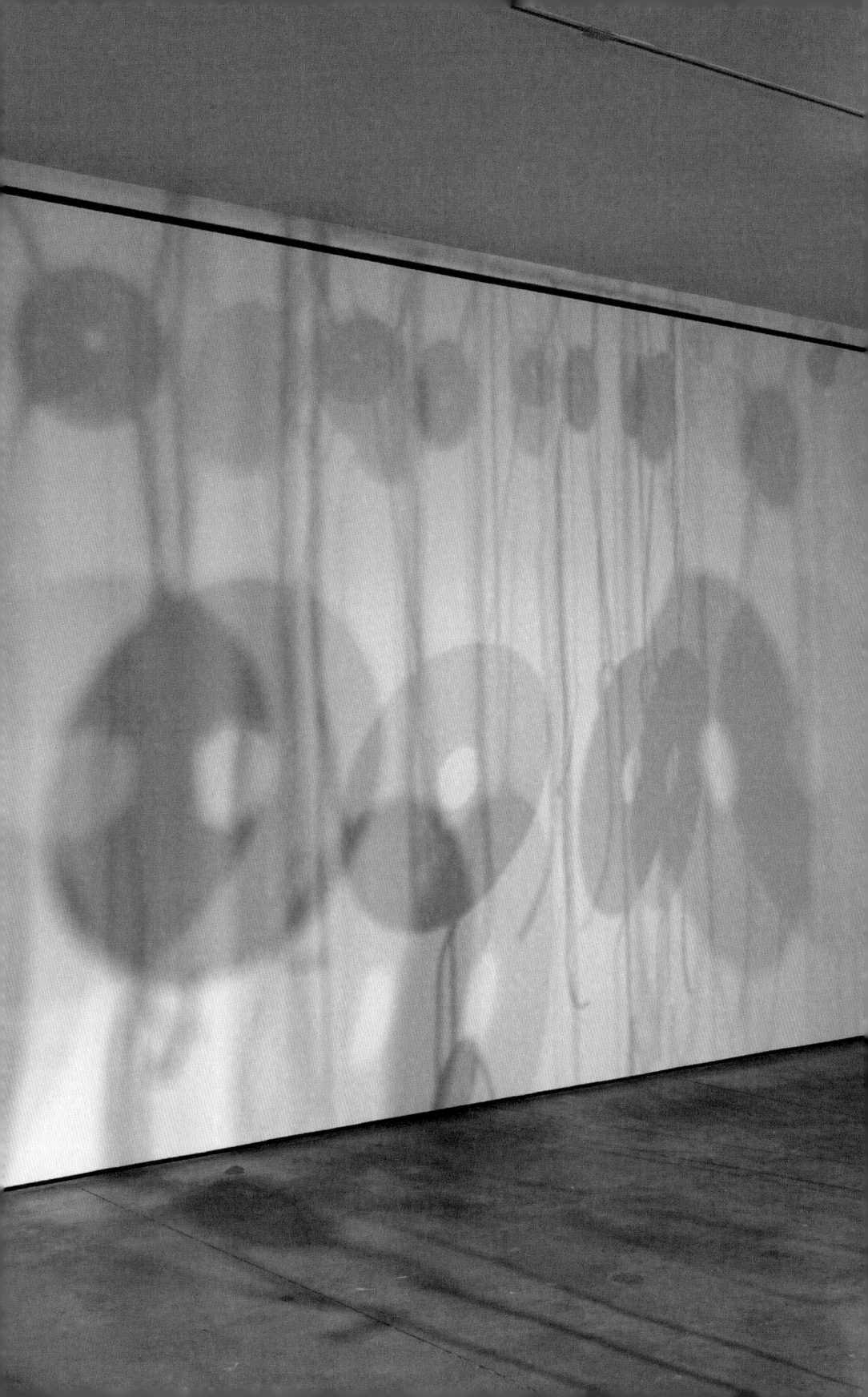

EL CONFLICTO ES OTRO[1]

INFINITAS VECES EL MISMO LUGAR[2]

Especie de máscara ancestral, con orificios o perforaciones y los nexos frágiles de sus relaciones internas y externas. Una red irregular basada en la repetición, en la transformación de lo horizontal en vertical, en la fabricación de una tridimensionalidad a partir de un plano, en la escritura de un relato biográfico, en la acción de alzarse independientemente de las circunstancias..., siempre haciendo énfasis en lo inconcluso de las estructuras y en la imposibilidad de lograr alguna certeza. Los círculos horadados, elemento que se repite y reaparece constantemente en el trabajo desde el inicio, devienen en símbolo de un deslizamiento con fricción. El esparto, material apenas tratado, crudo, áspero, del color de la tierra, trabajado con las manos, remite a una cultura más atávica. Lo vernáculo o nativo apunta a una acronología, a una simultaneidad, al eterno retorno de la obsesión sobre unos mismos temas y propósitos.

Una obra duplicada, presentación sincrónica de versiones separadas en el tiempo. El doble y la repetición, las dos caras del mismo cuerpo de Jano. Si los atributos de este dios romano evidencian una naturaleza múltiple en cada persona: de la puerta (adentro/afuera), de la llave (abierto/cerrado) y del comienzo (inicio/final), en estas dos esculturas se recrea un vacío en el espacio del museo. Las naturalezas binarias a menudo se han simbolizado con dos cabezas que miran en direcciones contrarias. El templo de Jano permanecía abierto en tiempo de guerra y cerrado en tiempo de paz. Aquí también hay algo de metáfora de la visibilidad del artista: no de su visibilidad social, sino del dejarse ver en sus propios términos, más allá de lo efímero, a través, de algo material. Un umbral que es acogimiento y expulsión al mismo tiempo. ALA

---

1. *El conflicto es otro*, 2018. Esparto y barras de hierro, medidas variables. Cortesía de la artista

2. *Infinitas veces el mismo lugar*, 2024. Esparto y barras de hierro, medidas variables. Cortesía de la artista

THE CONFLICT IS ANOTHER ONE[1]

INFINITE TIMES THE SAME PLACE[2]

A kind of ancestral mask, with orifices or perforations and the fragile links of its internal and external relations. An irregular network based on repetition, on turning horizontal into vertical, on conjuring three dimensions out of a plane, on writing a biographical story, on the action of rising up regardless of circumstances—and always stressing the inconclusive nature of structures and the impossibility of ever reaching any certainty. The pierced holes—a repeated and recurring feature since the very start of the oeuvre—become a symbol of slipping with friction. The rough, raw, practically untreated esparto, earthy in colour, worked by hand, has echoes of a more atavistic culture. The vernacular or native aspects hint at the achronological, the simultaneous, the eternal, obsessive return to the same subjects and thoughts.

A duplicated work, a synchronised presentation of different versions separated in time. Doubles and repetitions, Janus's two faces on the one same body. If this Roman god's distinctive features reveal a multiple nature in every person—as a door (inside/outside), as a key (open/closed) and as a transition (beginning/end)—then these two sculptures open up a void in the museum space. Binary natures have often been symbolised by two heads looking in opposite directions. The gates of the Temple of Janus were opened in times of war and closed in times of peace. Here there are also glimpses of a metaphor about an artist's visibility: not their social visibility but how they let themself be seen on their own terms, beyond the ephemeral, through something material. A gateway that both welcomes and expels at the same time. ALA

1. *The Conflict Is Another One*, 2018. Esparto and metal bars, variable dimensions. Courtesy of the artist

2. *Infinite Times the Same Place*, 2024. Esparto and metal bars, variable dimensions. Courtesy of the artist

SOM PALAU / SOM ESTABLE[1]

El títol sembla una mena de nota misteriosa al començament d'un llibre autobiogràfic. Podria ser una invitació per construir frases de contraris que algú comparteix, extensibles a la segona i la tercera persona, tant en singular com en plural, amb infinitat de permutacions: «viviu aparentment tranquil·les en un refugi, això no obstant altres s'alcen orgullosos al seu erm», o «ara indolent a la teva mansió, però, fa un moment, et rebolcaves en una cavallerissa». Podria referir-se al lloc que alberga aquesta escultura, corresponent a altres fases prèvies que una no sap com expressar, quan l'obra encara no existeix, però ja se sap quin espai ocuparà; o, fins i tot, al moment en què no hi ha excuses que valguin i cal començar a treballar: t'acotes i t'humilies.

Soy Palacio / Soy Establo podria ser ben bé el resum de la trajectòria d'un/a artista, tant en la seva vida com en els seus processos artístics, per tot el que implica saltar d'un extrem a l'altre i la tensió que això provoca. Amb una pèrdua constant de l'objectivitat, amb allò lleig que a ningú no li agrada encarar, i, tanmateix, conscient de la importància que alguna cosa pugui arribar a transmetre's d'alguna manera. El resultat final és el que queda d'una dedicació a l'art que afronta les seves pròpies contradiccions.

Les unitats d'espart podrien recordar un bust femení, una espiral inacabada, un fragment d'alguna part reconeixible del cos. Però el que realment va impulsar aquesta obra va ser ordir una mena de baix relleu que, a la vegada, mantengués intacte el desig inicial que va permetre treballar-lo sense abandonar un impuls gairebé cec. Dibuixar una gestalt com les teulades que coronen una màgica necròpolis etrusca. Amb nou cons com a analogia d'un refugi inestable o perible: cabana, xabola, barraca… I, per contrast, una xarxa de cadenes com a estructura de subjecció d'aquestes, també, mamelles. Una mena de paret construïda amb baules, gairebé invisible, entre brillant i opaca, com si fos un assaig d'escriptura en un full de dues cares, d'una mida enorme, espacial, en què sobresurten grafies diverses, amb tots els possibles antònims que es desplacen d'una banda a l'altra cap als extrems, amb els buits i altres traços més salvatges. Rugits de bèstia que vol aparentar ser més dòcil fets forma. ALA

---

1. *Som Palau / Som Estable*, 2024. Espart, barres d'acer inoxidable i cadenes, mides variables. Cortesia de l'artista

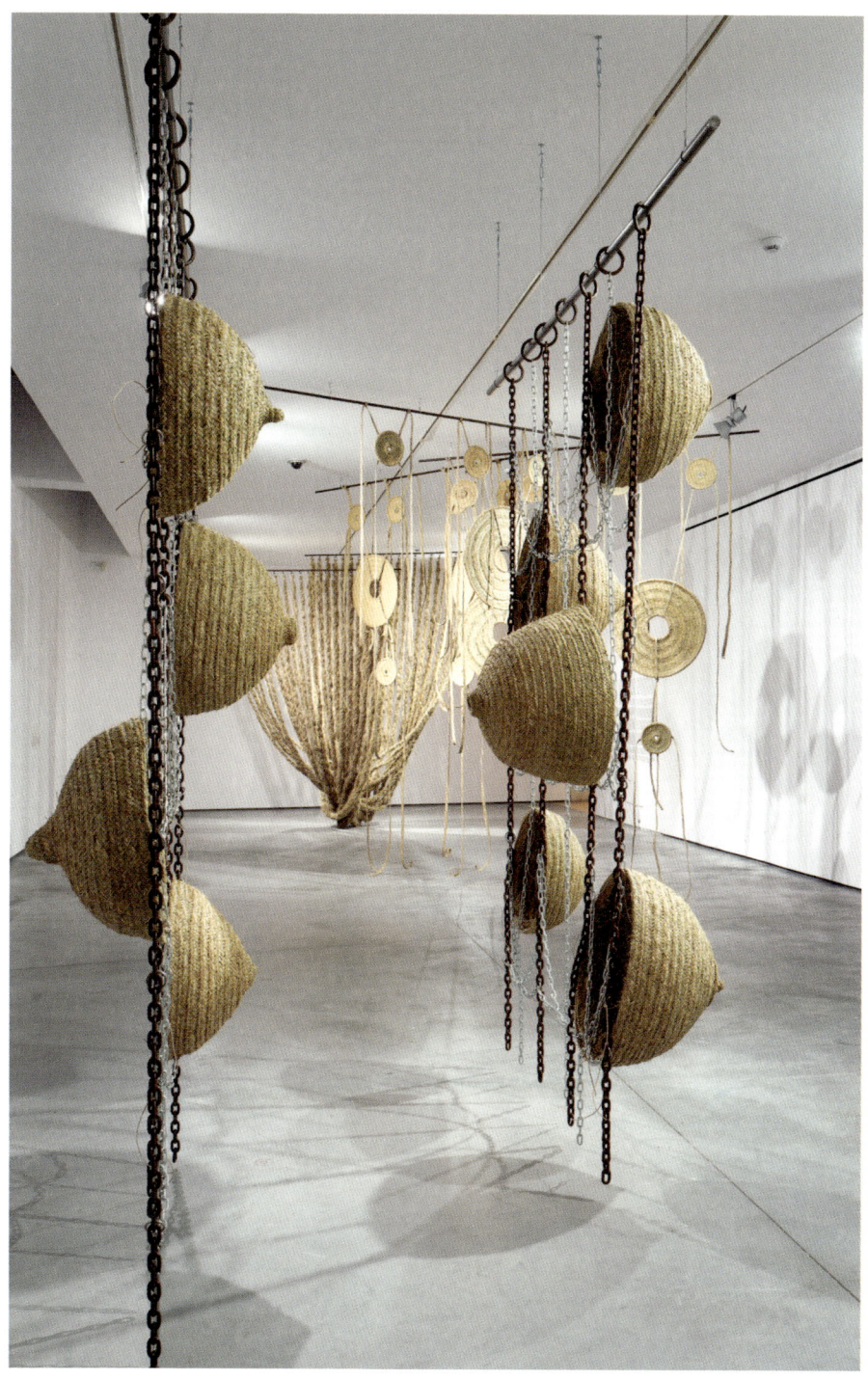

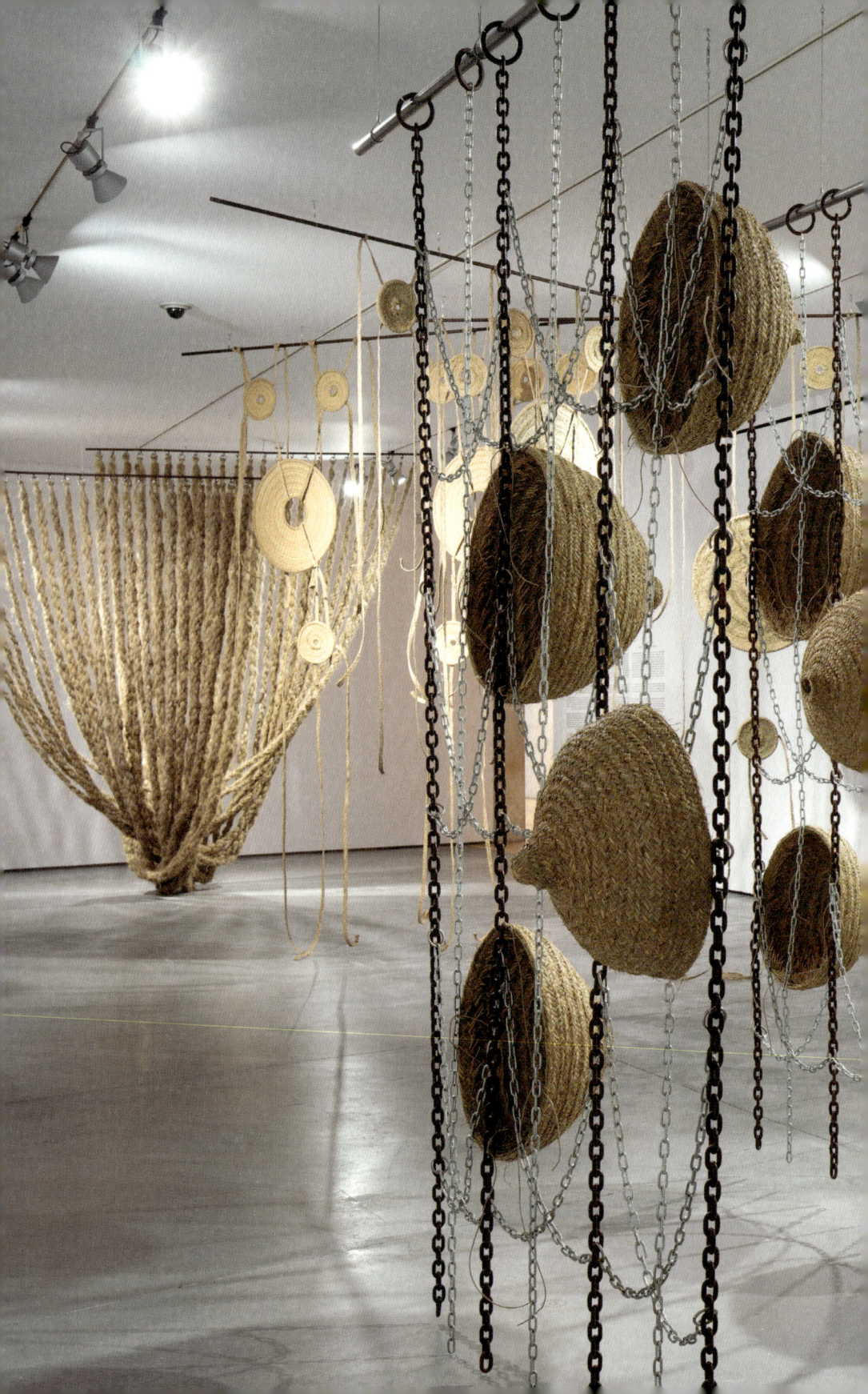

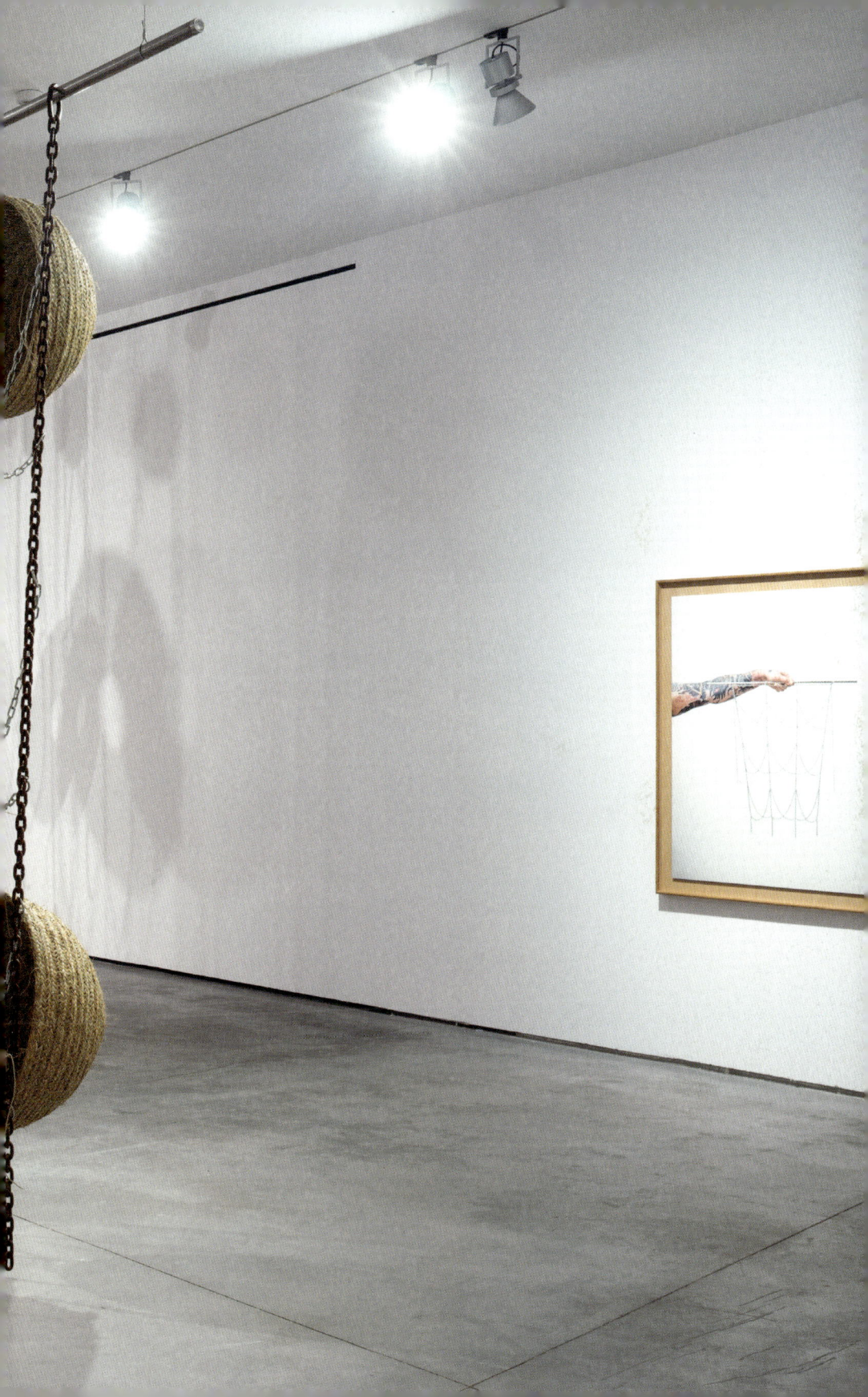

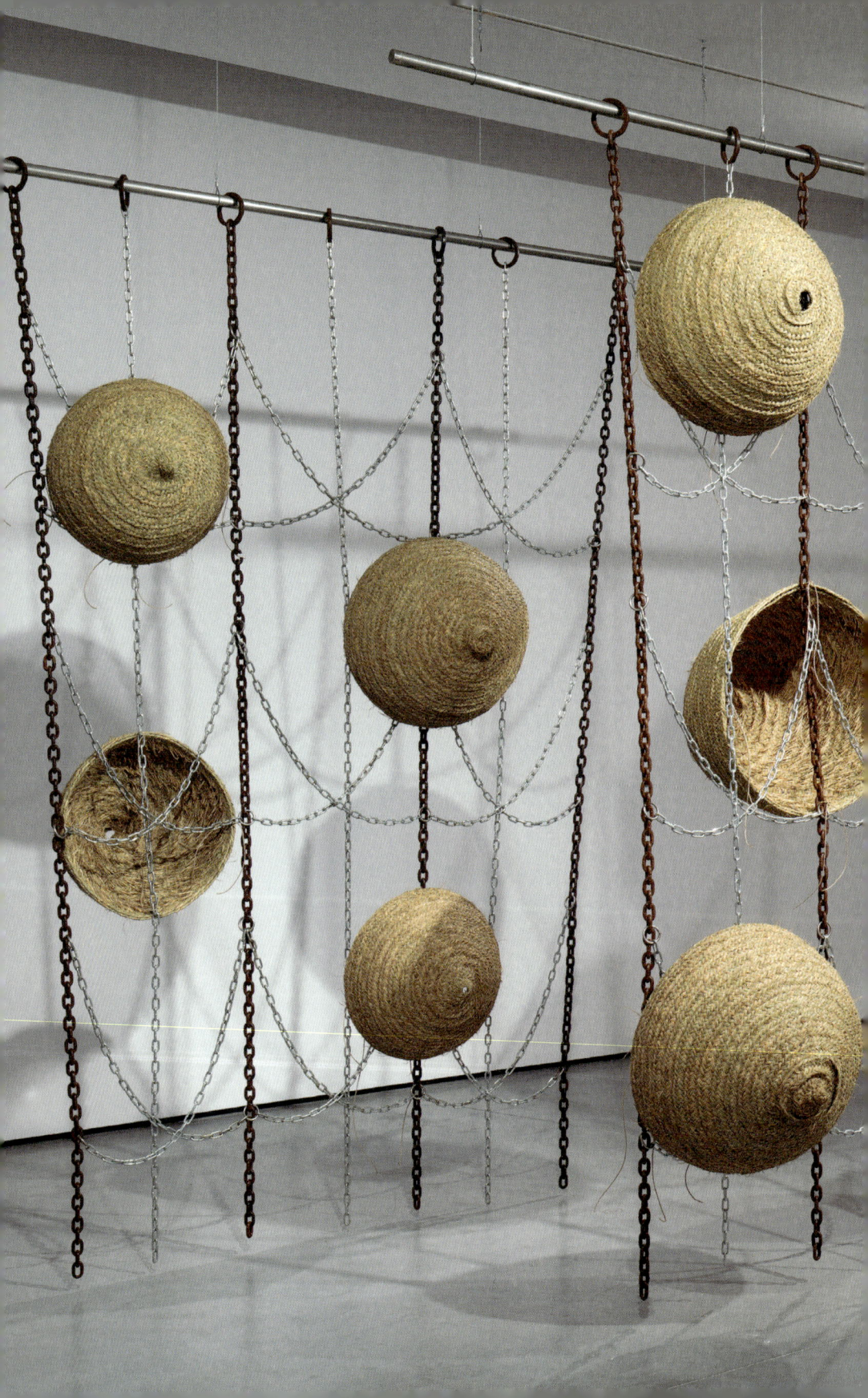

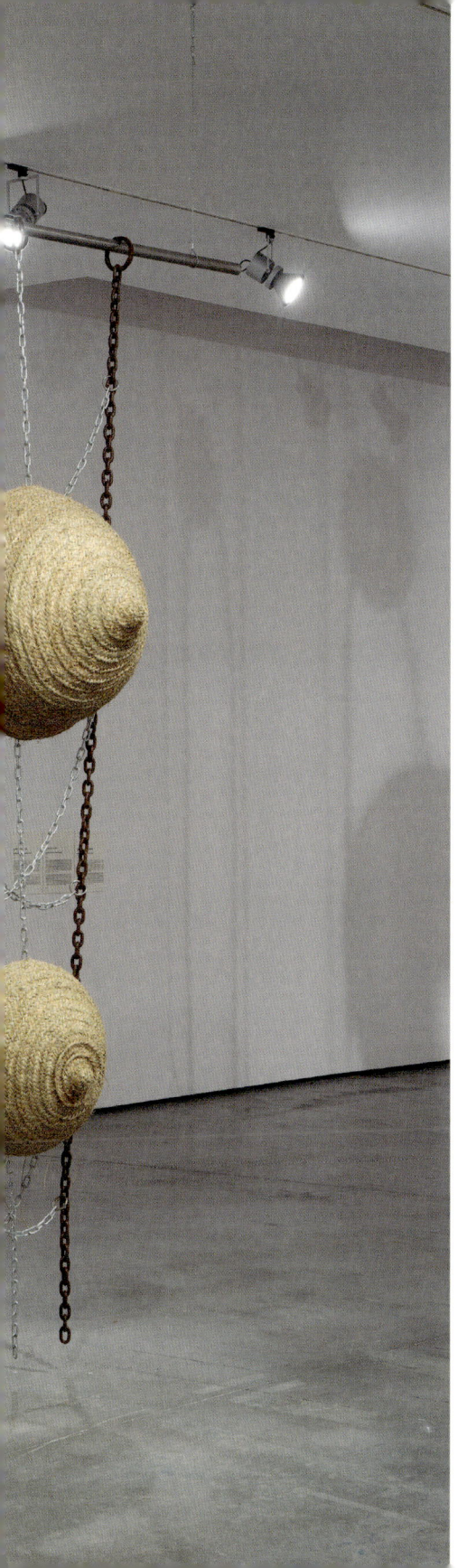

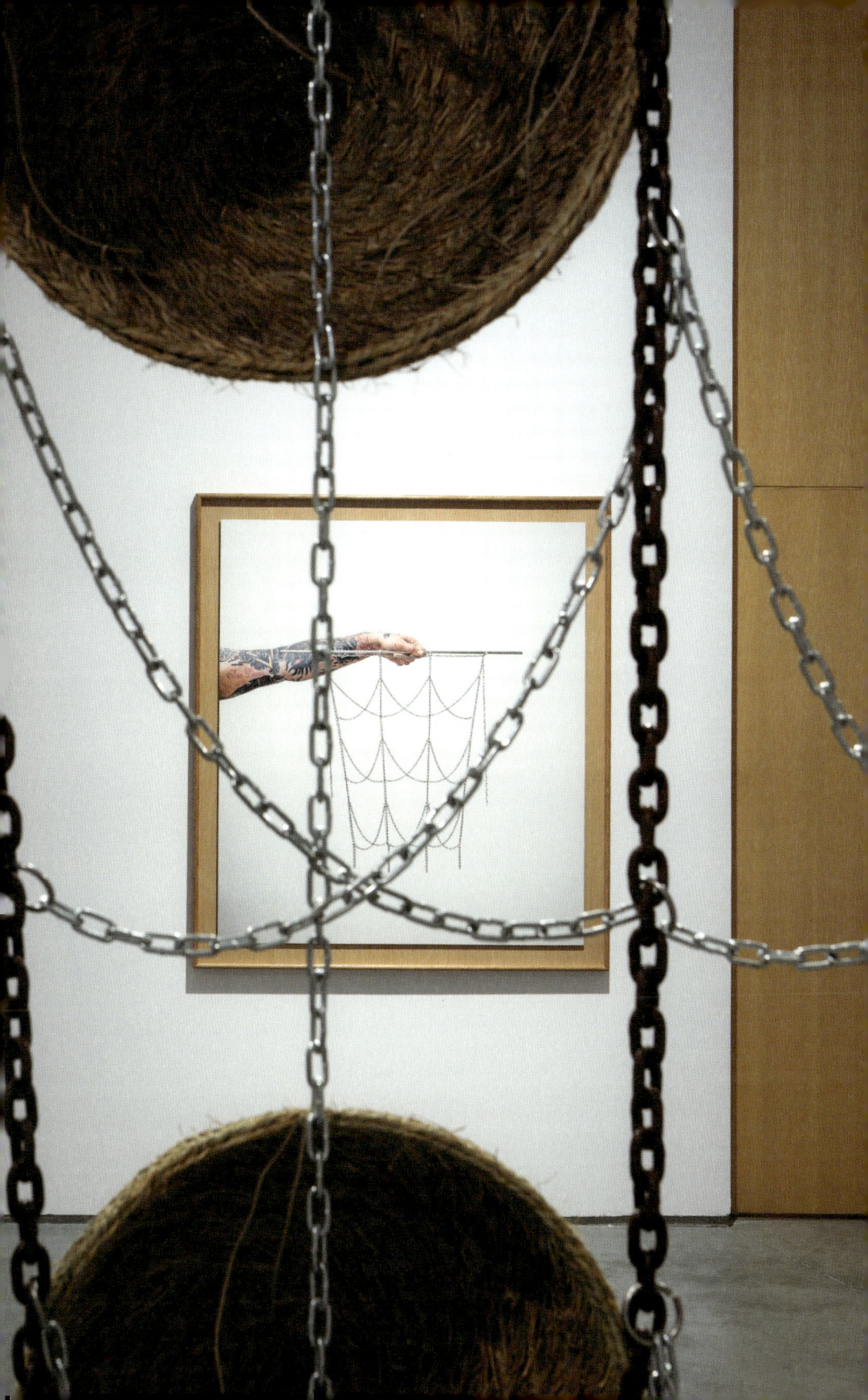

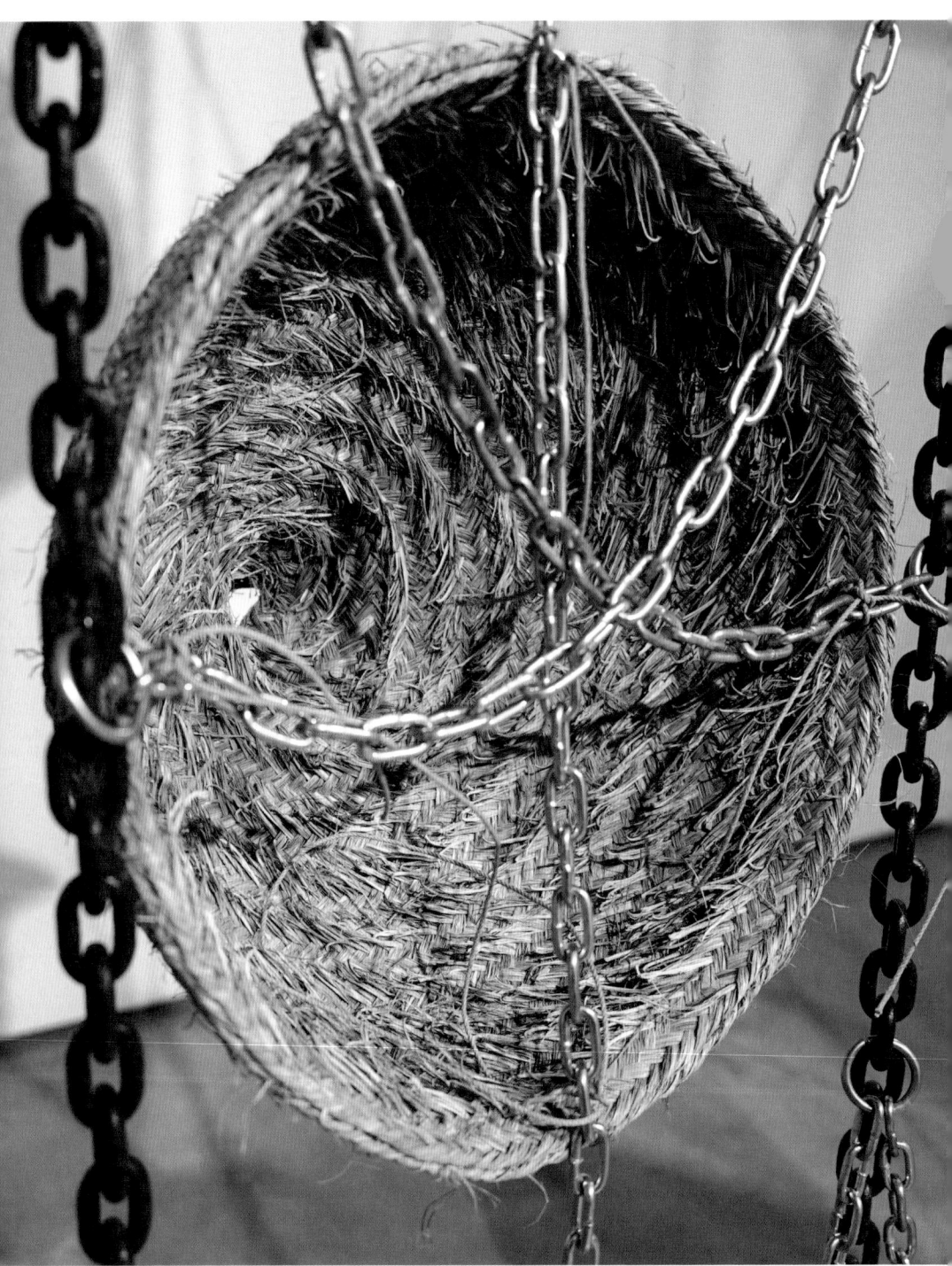

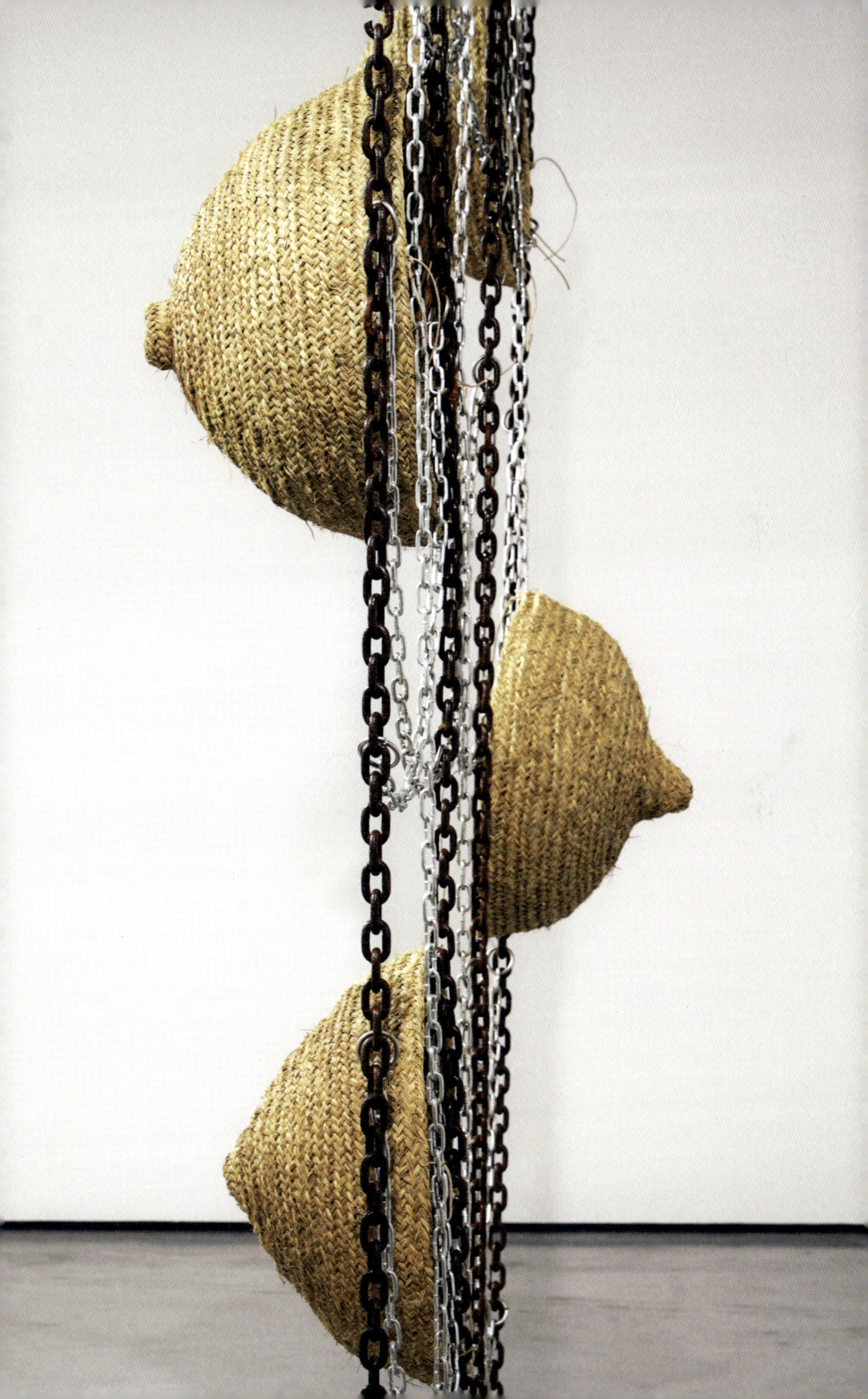

SOY PALACIO / SOY ESTABLO[1]

El título parece una especie de nota misteriosa al comienzo de un libro autobiográfico. Podría ser una invitación para construir frases de contrarios que cualquiera comparte, extensibles a la segunda y tercera persona, tanto en singular como en plural, con infinidad de permutaciones: «vivís aparentemente tranquilas en un refugio, pero otros se yerguen orgullosos en su páramo», o «ahora indolente en tu mansión, sin embargo, hace un momento, revolcándote en una caballeriza». Podría referirse al propio lugar que alberga esta escultura, correspondiente a otras fases previas que una no sabe cómo expresar, cuando la obra todavía no existe, pero ya se conoce el espacio que va a ocupar; o, incluso, al momento cuando no hay excusas que valgan y hay que empezar a trabajar: te agachas y te humillas.

Soy Palacio / Soy Establo bien pudiera ser el resumen de la trayectoria de un/a artista, tanto en su vida como en sus procesos artísticos, por todo lo que implica saltar de un extremo a otro y la tensión que ello provoca. Con una pérdida constante de la objetividad, con lo feo que a nadie le gusta encarar, y, sin embargo, siendo consciente de la importancia de que algo pueda llegar a transmitirse de alguna manera. El resultado final es lo que queda de una dedicación al arte que afronta sus propias contradicciones.

Las unidades de esparto podrían recordar a un busto femenino, a una espiral inacabada, a un fragmento de alguna parte reconocible del cuerpo. Pero lo que realmente impulsó esta obra fue urdir una especie de bajorrelieve que, a la vez, mantuviera intacto el deseo inicial que permitió trabajarlo sin abandonar su impulso casi ciego. Dibujar una gestalt como los tejados que coronan una mágica necrópolis etrusca. Con nueve conos como analogía de un refugio inestable o perecedero: cabaña, chabola, choza… Y, por contraste, una red de cadenas como estructura de sujeción de esas, también, ubres. Una especie de pared construida con eslabones, casi invisible, entre brillante y opaca, como si fuera un ensayo de escritura en una hoja de dos caras, de enorme tamaño, espacial, en la que sobresalen diferentes grafías, con todos los posibles antónimos desplazándose de un lado a otro hacia sus extremos, con sus huecos y otros trazos más salvajes. Rugidos de bestia que quiere aparentar ser más dócil hechos forma. ALA

---

1. *Soy Palacio / Soy Establo*, 2024. Esparto, barras de acero inoxidable y cadenas, medidas variables. Cortesía de la artista

I AM A PALACE / I AM A STABLE[1]

The title of this piece might almost be a kind of enigmatic aside at the start of an autobiographical book. Or perhaps a prompt to make phrases out of opposites that anyone might share, in endless permutations beyond the first person singular: "You lead an apparently happy life in a safe place, while others strut around their bleak wasteland" or "Now lazing about in your mansion, but a moment ago rolling around in the stables". This might be a reference to where this sculpture is housed, harking back to earlier stages that are hard to express—when a work is yet to be brought into existence but there is already a specific space in mind—or even to the moment when excuses run out and you have to get down to work: you simply stoop and swallow your pride.

Soy Palacio / Soy Establo could well sum up the course of an artist's private and artistic life, what it means to leap from one extreme to the other and the tension created in the process. A constant loss of objectivity, an ugly side that no-one wants to face and yet also an awareness of the importance of getting whatever it might be across in one way or another. The final result comes from dedicating oneself to art without shying away from the inherent contradictions involved.

The pieces of esparto might bring to mind a bust of a woman, an unfinished spiral, a fragment of some recognisable part of the body. But the real drive behind this work was plotting a kind of bas-relief that would, in turn, lose none of the initial urge that enabled it to be worked on without abandoning its almost blind impulse. A Gestalt drawing like the rooftops crowning a magical Etruscan necropolis, its nine cones an analogy of an unstable or perishable refuge: cabin, hut or shack. And, in contrast, a network of chains as a supporting structure for what now also looks like a series of udders as well. A kind of wall, almost invisible, made out of links, somewhere between shiny and opaque, like an essay written on two sides of a sheet of paper, huge in size, vastly spatial, with different scripts vying for attention and all possible antonyms drifting from one side to another, out towards the edges, with its hollows and other, wilder traces. The materialised bellowings of a beast that would have us believe it is tamer than it really is. ALA

1. *I Am a Palace / I Am a Stable*, 2024. Esparto, stainless steel bars and chains, variable dimensions. Courtesy of the artist

SOM PALAU / SOM ESTABLE
(PRIMER PLANTEJAMENT)[1]

En un mateix pla escultura i cos, la persona com a portadora d'escultura, continuació d'una tradició de la cultura clàssica basada en allò corporal, que aborda temes i materials contemporanis. El braç, com una branca d'arbre, sosté la maqueta de l'escultura *Soy Palacio / Soy Establo,* el punt de partida bidimensional de l'exposició. L'aparença estable d'un suport de carn, amb la mida d'aquesta extremitat a escala 1:1, remet al poder sobre l'obra que legítimament pertany a l'artista, quan emergeix del seu context vital més proper, quan encara no s'ha fet pública, i la idea, o més aviat el desig, de donar forma a un ímpetu, encara palpita i es troba en el millor lloc possible, allà on la debilitat podria ser sinònim de força. Aquest fragment d'estàtua contemporània necessita nous relats mitològics: la relació es tensarà entre la fràgil escultura i la forma humana que, aquí, és un mur de contenció. Sembla que diu: «no pots traspassar aquest límit» o «mai no aconseguiràs veure el que envolta aquesta imatge». Es pressent que tard o d'hora s'invertirà aquest vincle: la malla, a poc a poc, adquirirà fortalesa, i es convertirà en el fonament real en la seva relació amb el cos, que anirà debilitant-se i s'anirà transformant, fins a col·locar-se, de manera submisa, en una altra dimensió. ALA

1. *Som Palau / Som Estable (primer plantejament),* 2024.
Impressió per raig de tinta damunt paper Ilford Galerie
Prestige Cotton Smooth, mat, 106 x 120 cm. Cortesia de l'artista

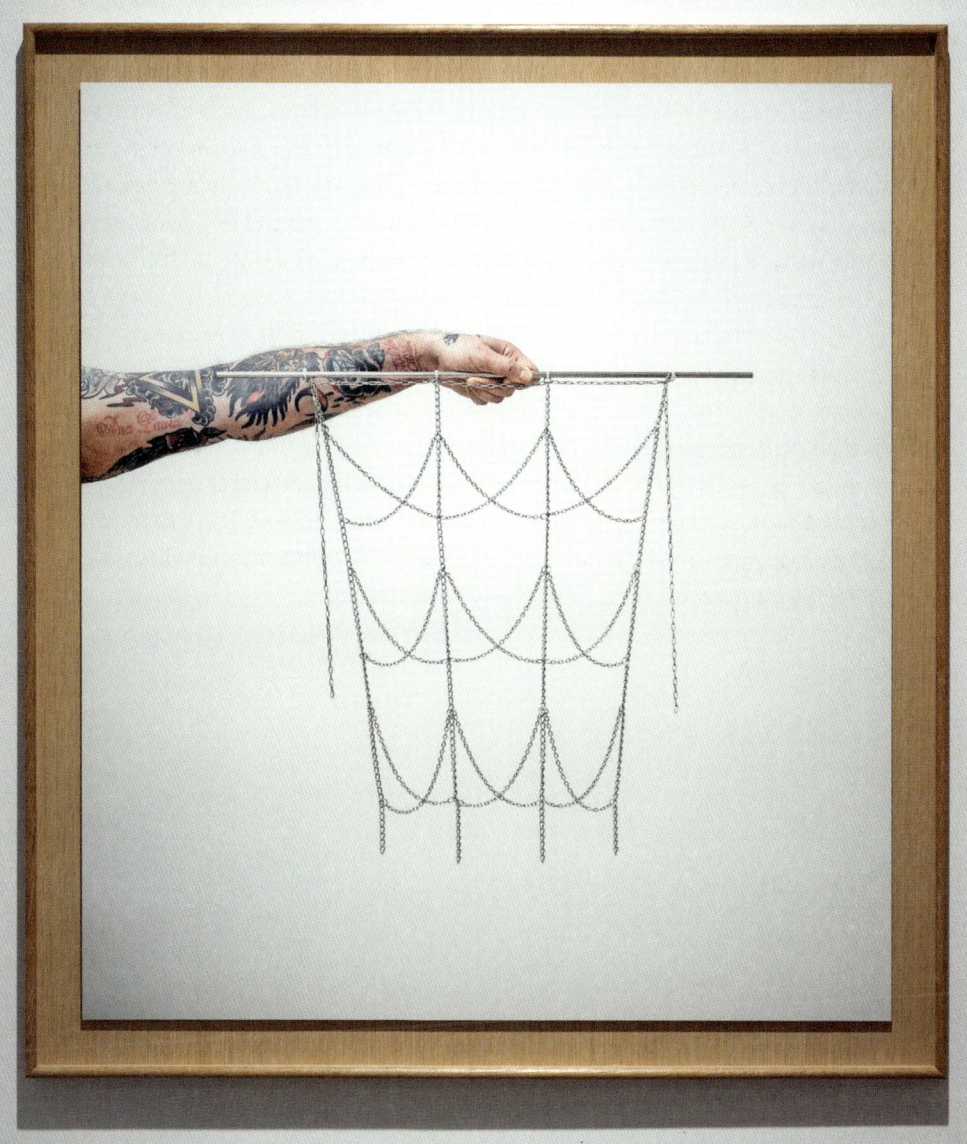

SOY PALACIO / SOY ESTABLO
(PRIMER PLANTEAMIENTO)[1]

En un mismo plano escultura y cuerpo, la persona como portadora de escultura, continuación de una tradición de la cultura clásica basada en lo corporal, que aborda temas y materiales contemporáneos. El brazo, como una rama de árbol, sostiene la maqueta de la escultura *Soy Palacio / Soy Establo,* el punto de partida bidimensional de la exposición. La apariencia estable de un soporte de carne, con el tamaño de esta extremidad a escala 1:1, remite al poder sobre la obra que legítimamente le pertenece al artista, cuando emerge de su contexto vital más cercano, cuando aún no se ha hecho pública, y la idea, o más bien el deseo, de dar forma a un ímpetu, aún está palpitando y se encuentra en el mejor lugar posible, allí donde la debilidad podría ser sinónimo de fuerza. Ese fragmento de estatua contemporánea necesita de nuevos relatos mitológicos: la relación se tensionará entre la frágil escultura y la forma humana que, ahí, es un muro de contención. Parece decir: «no puedes traspasar este límite» o «nunca conseguirás ver lo que rodea a esta imagen». Se presiente que tarde o temprano se invertirá este vínculo: la malla, poco a poco, adquirirá fortaleza, convirtiéndose en el cimiento real en su relación con el cuerpo, que irá debilitándose y se irá transformando, hasta colocarse, de manera sumisa, en otra dimensión. ALA

1. *Soy Palacio / Soy Establo (primer planteamiento),* 2024.
Impresión por chorro de tinta sobre papel Ilford Galerie
Prestige Cotton Smooth, mate, 106 x 120 cm. Cortesía de la artista

I AM A PALACE / I AM A STABLE
(FIRST APPROACH)[1]

Here we see sculpture and body in the same shot, the person as a bearer of sculpture, the continuation of a tradition in classical sculpture based on the corporeal, now embracing contemporary ideas and materials. An arm reaches out like a tree branch, holding aloft a model of the sculpture *Soy Palacio / Soy Establo* as a two-dimensional starting point of the exhibition. The sturdy appearance of a flesh-and-bones extremity on a 1:1 scale evokes an artist's legitimate power over their work as it emerges from its secluded life, yet to be made public and when the idea (or rather the desire) to shape an impetus is still beating strong in the best possible place, where weakness could be a synonym of strength. This fragment of contemporary sculpture calls for new mythological tales: there is a growing tension between the fragile sculpture and the human form which acts here as a retaining wall. It appears to be saying: "This far but no further" or "You will never see what surrounds this image". There is the sense that sooner or later this link will be reversed: the hanging mesh will slowly grow stronger and stronger to gain the upper hand in its relationship with the body, which will get weaker and weaker, transforming itself until it dutifully slips into another dimension. ALA

1. *I Am a Palace / I Am a Stable (First Approach)*, 2024. Inkjet print on Ilford Galerie Prestige Smooth Cotton Rag paper, matt, 106 x 120 cm. Courtesy of the artist

ENTRE EL NAIXEMENT I LA MORT

Frederic Montornés

Entre el naixement i la mort transcorr la línia d'una vida que, com la nostra, transita un camí que no és pla, lineal ni de roses i que manté una lluita de contraris[1] que lliura al seu interior[2] i que es resol amb la constatació d'una evolució i la convicció plena d'anar a algun lloc. Aquesta lluita d'oposats a la qual tan bé es refereix Heràclit,[3] atès que implica moviment, és l'únic real en l'esdevenir.[4] I és que el vincle que uneix els contraris s'exterioritza en l'univers visible. Com? Com una mena d'activitat permanent[5] que, en el marc d'un procés de transformació,[6] permet que cada cosa es convertesqui en el seu contrari i que la identitat d'allò diferent no sigui quelcom particular, sinó, justament, ser «quelcom diferent».

Si res no existeix sense el seu oposat o el seu contrari,[7] quina és la causa de l'harmonia o la unitat de les coses?, quina és la causa dels nostres moments d'estabilitat? La dialèctica?,[8] el debat existencial que mantenim amb nosaltres mateixos sota la mirada atenta de la raó, el nostre metrònom particular? Ho ignor. Només sé que sense la raó no tocaríem de peus a terra i gravitaríem. En l'espai.

I la veritat, no és un bon pla.

Entre l'espasa i una paret transcorr la línia d'una vida que, com la nostra, és oposada, discordant i permanentment contrastada. Sempre, és a dir, entre el naixement i la mort. És una vida que, per no morir traspassada tot just començar, se serveix de la raó a manera d'escut.

---

1   «Heràclit d'Efes (VI a. de C. – V a. de C.) assegura que la identitat de les coses és el seu ésser diferent i oposat, el seu diversificar-se i oposar-se a les altres, i anomena «guerra» *(pólemos)* a l'oposició en què consisteix cadascuna i de la qual es genera. El que hi ha d'idèntic en cada realitat és la contraposició de cada cosa amb les altres. La discordança, el contrast i l'oposició són el mateix principi de concordança, harmonia i unitat de les coses». Tal com s'afirma a l'article següent: <https://elvuelodelalechuza.com/2015/03/19/heraclito-concordancia-de-los-contrarios/>.

2   La nostra essència humana.

3   També conegut com a *presocràtic del canvi* o com el *filòsof obscur* per la dificultat d'entendre els seus escrits.

4   Esdevenir: les aigües d'un riu que sempre es renoven.

5   Un «foc eternament viu», diu el d'Efes.

6   És a dir, l'esdevenir.

7   Recordem: cap oposat no pot existir sense l'altre.

8   La discordança, el contrast.

Si hagués considerat el que he escrit fins aquí com una bona arrencada per al text d'aquesta exposició d'Ana Laura Aláez a Es Baluard Museu o, lluny d'estar-ne content, hagués seguit pel mateix camí sense jo ser un filòsof ni un pensador ni ningú versat en Heràclit d'Efes, m'hauria ficat en un vesper i hauria donat pàbul a un text desafectat, disfressat de falsa erudició i centrat a dissertar sobre allò bell i allò sinistre a l'obra de l'artista i no en la labor que va desenvolupant a la recerca de l'essència que concentri la seva vida personal i professional,[9] guiada pel compromís d'exterioritzar-ne els resultats –és a dir, d'exposar-se una vegada més– i acompanyada molt de prop[10] de qui escriu aquest text.[11]

Si hagués de començar de nou un cop aclarida la meva relliscada de l'inici ho faria de la manera següent:

«Som Palau / Som Estable» d'Ana Laura Aláez no és (només) una exposició, sinó un alto en el camí en el procés de reflexió que porta a terme l'artista a partir dels dubtes i les certeses derivades de les característiques estructurals d'un espai expositiu[12] i dels udols i els silencis amb què els planta cara des del moment en què opta per explorar-ne el volum i les maneres possibles de recórrer-lo des de l'òptica del buit. Per consegüent, més que una exposició, el que mostra Aláez a l'Espai B d'Es Baluard Museu és una temptativa d'aprehendre l'espai com qui pretén agafar aigua amb les mans obertes. És a dir, una experiència utopicopoètica condemnada al fracàs als ulls dels externs, però intensa i vívida per a qui decideix tirar-s'hi de cap. Viure-la en primera persona.

Si embarcar-se en una empresa d'aquestes característiques[13] seria una estultícia per a qui el buit és un concepte[14] erràtic condemnat a vagar sense rumb, no és així quan qui l'emprèn és una escultora formada en una època[15]

---

9   Des que va començar la seva carrera artística, cap a finals dels anys vuitanta, Ana Laura Aláez mai no ha fet altra cosa.

10   És a dir: físicament, per telèfon, correu electrònic, WhatsApp, fotografies, vídeos o missatges de veu.

11   Jo mateix.

12   L'Espai B d'Es Baluard Museu, de 168 m².

13   És a dir: voler aprehendre, atrapar, capturar, comprendre o penetrar el buit.

14   Si, des del punt de vista físic, el buit és un espai desproveït de matèria, des del punt de vista emocional és la porta a la depressió i al sentiment agut de solitud.

15   Finals dels vuitanta.

i en un context[16] precisos que, al marge dels records i dels sentiments que li desperten,[17] són l'àncora que la manté ferma i impedeix que es despenyi pel precipici cap al qual ens dirigim quan l'inconformisme[18] flueix per les nostres venes. No pas orxata.

Procedent d'un entorn «antiartístic, àrid i gairebé cruel»,[19] Ana Laura Aláez es forma en Belles Arts a la Universitat del País Basc i torna al món, amb les seves rareses, després de passar pels tallers d'Arteleku[20] i l'acceptació que «circumstàncies com la inseguretat, la manca de mitjans, el *no future,* podien ser tan vàlides per crear com les millors teories del món». Convençuda que amb una mateixa n'hi ha prou per seguir endavant, Aláez entra a formar part d'una generació d'artistes la nova forma d'entendre l'escultura[21] dels quals es resol afrontant les crides directes de la vida al marge de la influència que,

16   Euskadi.

17   «[…] és com si volgués que no s'acabàs mai aquest procés perquè jo mateixa vegi la meva trajectòria en perspectiva i m'adoni dels tombs que ha anat fent i, sobretot, comprovi com dol una obra quan és capaç de recordar-te una davallada». Fragment de la trobada amb Ana Laura Aláez al Museo de Bellas Artes de Bilbao amb motiu de la presentació de l'obra *Portadoras queer: el doble y la repetición* [Portadores queer: el doble i la repetició]. En aquest fragment l'artista fa referència a l'efecte que li produeix veure la seva trajectòria des de la perspectiva de la seva exposició «Todos los conciertos, todas las noches, todo vacío» [Tots els concerts, totes les nits, tot buit] a l'Azkuna Zentroa. <https://www.youtube.com/watch?v=l8aVoME_8rw>.

18   «Pertany a una generació (la del *post-punk,* la del *no future*) molt marcada per un rebuig frontal a la cultura. La cultura era, d'alguna manera, l'encarnació del poder i de l'opressió», diu l'artista al seu c. v., tal com apareix a la seva pàgina web: <http://www.analaura-alaez.com/about-me/>.

19   En paraules de Txomin Badiola, al text «Dos o tres cosas que estaría bien saber de ella», escrit per al catàleg de «Pabellón de Escultura» [Pavelló d'escultura], una exposició d'Ana Laura Aláez al MUSAC de Lleó el 2008. L'obra *Pabellón de Escultura* forma part de la Col·lecció MUSAC.

20   Confessa l'artista al text referenciat a la citació núm. 19. Ángel Bados i Txomin Badiola, que varen ser els seus professors a la Facultat de Belles Arts de Bilbao, són dues figures molt importants a la vida de l'artista.

21   «[…] lluny del *genius loci* i amb un canvi important de paradigma amb relació al lligam amb allò proper, que havia impregnat gran part del discurs de l'art a la dècada que acabava», en paraules de Francisco Javier San Martín al seu article «Ana Laura Aláez. Elogio del maquillaje», publicat al núm. 21 de la revista *Zehar* el 1993.

44

des dels anys cinquanta i fins a la denominada *Nova escultura basca,*[22] exercien dos artistes indiscutibles com Jorge Oteiza i Eduardo Chillida. Dos homes.

Com diu l'artista,[23] «des dels inicis de la meva pràctica hi ha dos vectors paral·lels que sempre han estat presents de manera més o menys explícita: un, el mode de la presència femenina a l'art; i dos, el qüestionament dels elements plàstics que tradicionalment han definit l'escultura com un art vinculat a nocions considerades bàsicament masculines,[24] com la força, la duresa, la prevalença d'allò físic, un subjecte segur de si mateix, etc., i les diferents reavaluacions en els diversos moments de la meva trajectòria». Sobre la base d'aquestes dues forces i la complicitat d'altres artistes de la seva generació, Ana Laura Aláez es consagra a la creació d'una obra que, tot advocant per dialogar sense prejudicis amb les formes i els materials, estableix una relació més directa amb la realitat, es vincula inexorablement a vivències personals i quotidianes, respira a ple pulmó[25] l'aire d'un present que l'estalona, nega sistemàticament tota mena de convencions i que, servint-se del que té a prop, es tradueix en la representació de formes de conducta social. L'obra d'Ana

22   Dues notes sobre la *Nova escultura basca:*
– Es coneix com a «nova escultura basca» l'impuls que rep l'escultura a Euskadi els anys vuitanta amb artistes com Ángel Bados, Txomin Badiola, Pello Irazu, María Luisa Fernández, Juan Luis Moraza, etc., a partir de l'estudi d'Oteiza com a escultor i teòric, l'aire dels nous corrents estètics internacionals i la voluntat de deixar de banda els materials i les tècniques vinculades a la tradició escultòrica local.
– «La nova escultura basca donava la benvinguda a l'humor i a la ironia i se situava, així, en una proximitat més directa a allò real a través d'un diàleg fluid amb formes i materials lligats a una vivència quotidiana», tal com sosté Francisco Javier San Martín a l'article referenciat a la citació núm. 21.

23   Al seu c. v., referenciat a la citació núm. 18.

24   Cal recordar que l'aportació de les dones al panorama artístic espanyol dels vuitanta –Susana Solano, Cristina Iglesias, Ángeles Marco, Menchu Lamas, entre d'altres– s'associava a un tipus d'activitat basada en aspectes com la potència i la força, associats habitualment a allò masculí. A primera vista, les obres d'aquestes artistes no diferien de les dels seus col·legues, quelcom que canvià a partir dels noranta amb l'arribada d'una nova fornada d'artistes que, lluny de desenvolupar un treball amb materials durs i pesats –acer o ciment en escultura– o grans formats i rotunditat matèrica –en pintura– adopten una posició més intimista i redueixen formats per treballar a partir de l'objecte i utilitzant materials més lleugers, flexibles i inusuals.

25   «Crec que l'artista ha d'expressar el que li està passant, perquè si la teva vida canvia, el concepte que tens de l'art també canvia. La meva necessitat de retornar a l'escultura és perquè em sent tan perduda que necessit la imposició de les coses, de la massa, del volum. El silenci d'estar treballant en una peça és reconfortant», explica Ana Laura Aláez al text referenciat a la citació núm. 19.

Laura Aláez, més que procedir d'una fàbrica d'objectes indiscriminada, surt expulsada d'un cos que sent, pateix i es rebel·la.

És una manera –la seva manera– d'estar al món.

Des de l'inici de la seva trajectòria artística, l'obra d'Ana Laura Aláez, en lloc d'aferrar-se a una pedra, a una planxa d'acer, a un tronc o a un bloc de ciment, es nodreix de la seva vulnerabilitat perquè «només negociant des d'aquí s'accedeix a aquests llocs imaginaris on l'art és un lloc fascinant que concentra el millor i el pitjor de la nostra naturalesa».[26] De manera que més que un material per cisellar, soldar, tallar o forjar, és l'escolta i l'observació de si mateixa –és a dir, la seva existència, el seu cos– la matèria sobre la qual articula la seva obra.

«Més que tenir talent, sentia que podia seduir fàcilment amb molts pocs recursos», «sempre m'he expressat molt bé amb la meva indumentària». Aquestes dues afirmacions de l'artista[27] no haurien de passar desapercebudes per entendre que si el cos és una de les principals referències a la seva obra és perquè sempre ha tengut molt clar que és justament el cos –el seu propi cos, el cos de la seva escultura– la peanya[28] més adequada per mostrar el material que modela el seu pensament, articula el seu discurs o l'impel·leix a explorar altres maneres de representar la persona que habita el seu interior. Però la relació d'Ana Laura amb el seu propi cos no només és una qüestió d'actitud vital, és l'aliment que nodreix la seva pràctica artística.[29]

26   Sosté Bea Espejo al seu text «No pasa nada si nada explica nada», publicat al catàleg de l'exposició «Todos los conciertos, todas las noches, todo vacío», presentada al CA2M Museo Centro de Arte Dos de Mayo de Móstoles entre el 2019 i el 2020 i a l'Azkuna Zentroa de Bilbao el 2021.

27   Publicades al text referenciat a la citació núm. 19.

28   Francisco Javier San Martín, al text referenciat a la citació núm. 21, afirma: «El que venia després per als joves no era la pedra o la fusta, sinó el que portaven a sobre: la roba, les joies, el maquillatge».

No crec que ningú pugui dubtar que si a la trajectòria artística d'Ana Laura Aláez hi ha una obra que hagi suposat un punt d'inflexió i hagi induït a establir les bases del lèxic que, de llavors ençà, articula el seu llenguatge, aquesta obra és *Mujeres sobre zapatos de plataforma* [Dones sobre sabates de plataforma] (1992). Mostrada per primera vegada en públic en el marc de l'exposició «Superficie»[30] [Superfície] i formada per sis caps –una mena de perruques elaborades amb materials tan diversos i impossibles com suggeridors– i sis sabates de plataforma, allò que representa aquesta obra, segons Txomin Badiola, és l'estocada definitiva a la *Nova escultura basca* en la mesura que «encara que no fos la seva intenció […], [Aláez] utilitza un dels motius fonamentals de l'escultura després d'Oteiza: l'espai com a presència del mateix rang que la matèria».[31]

Si el més vistós d'aquesta obra és, sens dubte, la fantasia que es desprèn de les formes, el material i el color dels elements que utilitza l'artista per personificar les sis dones, crec que allò vertaderament important –el que és realment estremidor, m'atreviria a dir– és el buit silenciat dels cossos immobilitzats que viuen entre dues pròtesis, és a dir, entre l'única cosa que veim:

29 Pel que fa al tema del cos i l'abillament m'agradaria afegir aquestes dues declaracions d'Ana Laura Aláez. Em semblen dignes de consideració perquè són encertades, sinceres, tendres i crues:
 – «Crec que les dones més acceptades en l'art –em referesc a les que utilitzen el seu propi cos com a instrument d'expressió– són les dones amb una vida tràgica o que han representat la condició femenina des del dolor. Dones magnífiques com Ana Mendieta, Hannah Wilke, Francesca Woodman, etc., el treball de les quals es basava en l'autoretrat enfocat al patiment, la deformació, la mort. Les altres són unes bergantes, unes envanides, uns caps buits… Jo pertany a aquest rang». Aquest comentari apareix publicat al text referenciat a la citació núm. 19.
 – «Sense saber-ho en aquell moment –perquè ara en som molt conscient–, l'estètica de la meva manera d'abillar-me era una forma de catarsi davant aquesta societat convulsa. Qualsevol peça d'indumentària genèrica, portada al territori personal, pot convertir-se en una forma més d'expressió creativa. Les crítiques que rebia varen ser des del principi molt mordaces. En aquest moment em vaig adonar que la diferència, per norma, és una amenaça que es tendeix a exterminar de cop. És tan respectable aixecar-se i preocupar-se per "què em pos", com reflexionar si una escultura té la forma, el material i l'escala apropiats». Aquest comentari apareix publicat al text referenciat a la citació núm. 26.

30 Exposició realitzada per Ana Laura Aláez i Alberto Peral a l'Espai 13 de la Fundació Joan Miró de Barcelona el 1992. Comissariada per qui signa aquest text.

31 Al text «Dos o tres cosas que estaría bien saber de ella», que es publica al catàleg de l'exposició d'Ana Laura Aláez «Pabellón de Escultura», realitzada al MUSAC de Lleó el 2008.

perruques i sabates. És una obvietat que, lluny de passar desapercebuda, adquireix una rellevància especial quan se sap que la dimensió real de cada un d'aquests sis cossos invisibles coincideix plenament amb el de l'artista. Són, per tant, sis presències absents del cos d'Ana Laura. El cos d'una dona, en primera persona, multiplicat per sis i silenciat reiteradament amb traïdoria.

Representar-se a si mateixa donant pàbul a un buit interior sense renunciar, no obstant això, a una relació amb l'altre –nosaltres, el públic– des de l'òptica d'allò visual, allò superficial, allò accessori, allò liminar, el maquillatge, una disfressa, etc., demostra la sensibilitat de l'artista envers les transformacions del cos a la nostra cultura contemporània –tot escurçant sense parar la distància entre allò natural i artificial, l'òrgan i la pròtesi, la pell i el maquillatge–, la importància que dona als accessoris per permetre que ens recreem i reinventem segons la nostra conveniència, la constatació del punt fins al qual hem arribat en la carrera cap a l'artificialització del nostre cos humà i al desig de visibilitzar, sense cap rancúnia, la progressiva invisibilitat de la nostra essència com a persones. Emfatitzant el que veim –«Per poder interactuar o dialogar necessit allò material, la "forma", diu l'artista»–,[32] deixant deliberadament en segon pla informació valuosa sobre la procedència dels materials que treballa, acobla i/o modela o del valor que els dona com a vehicles de «traducció de certs moviments de l'esperit»,[33] diria que totes i cada una de les obres d'Ana Laura Aláez són una mena de catarsi –o d'alliberament o restitució– de tot el que li passa, preocupa, alegra, entristeix, irrita o voldria triturar. El que pensa i el que sent ens ho explica a través de les formes. Ho

32 Publicat al catàleg referenciat a la cita anterior.

33 Expressió extreta del text de Txomin Badiola, publicat al catàleg referenciat a la citació núm. 31, quan esmenta el filòsof francès Henri Focillon (Dijon, França, 1881 – New Haven, Connecticut, EUA, 1943): «Deia Focillon que la vida és forma i la forma és la manera en què esdevé la vida. L'escultora, però principalment la persona Ana Laura Aláez, ha manifestat permanentment aquesta necessitat vital de la forma. Com en el cas de Focillon, per a Aláez les formes no serien ens purament abstractes, sinó "el mecanisme de la traducció de certs moviments de l'esperit"».

vérem a *Mary Sex*[34] (1991), a *Bolso*[35] [Bossa] (1993), a *Autorretrato rosa*[36] [Auto-retrat rosa] (1994), a *Pantalón preservativo* [Pantaló preservatiu] (1992), a *Corona* (1995) i *Culito* [Culet] (1996),[37] a la instal·lació *She Astronauts*[38] (1997), a *Cabeza-Espiral-Agujero-Puño-Esperma-Nudo*[39] [Cap-Espiral-Forat-Puny-Esperma-Nus] (2008), a *Cortina* (1994) o a *El conflicto es otro* [El conflicte és un altre] (2018), dues obres formalment idèntiques, materialment oposades –la més antiga és de làtex i la més recent d'espart–, separades en el temps per vint-i-quatre anys i realitzades amb la influència d'una ànima que no pot ni vol deixar de ser ella mateixa i per a qui l'art és un exercici de supervivència.

Mai no és un passeig per un camí de roses.

Si ens hem remuntat fins a l'inici de la trajectòria artística d'Ana Laura Aláez per aproximar-nos a «Som Palau / Som Estable» –l'exposició que ara veis (o veureu) i que l'artista ha treballat com si fos la darrera vegada– és perquè el que determina el marc que estableix, tant per a la concepció de les

34 És la primera escultura feta de punt d'Ana Laura Aláez. Aquesta obra la va teixir la senyora que li feia «jerseis gruixuts d'hivern per anar al col·legi». Diu l'artista –en el text referenciat a la citació núm. 19–: «Sempre tenc molt en compte que el "treball", l'esforç físic, no és una garantia d'aconseguir una bona obra d'art. Els meus vestits de punt són reivindicatius en aquest sentit».

35 Una obra formada per una ansa de bossa de plàstic i uns calçotets del seu pare. «Aquesta obra neta i bruta, amorosa i a la vegada plena de ressentiment, expressió d'una càrrega i a la vegada d'un alliberament, constitueix una vertadera "desconstrucció del pare", una operació equivalent a la realitzada per Louise Bourgeois a mitjan dècada dels setanta». Una interpretació molt encertada de Txomin Badiola, tal com sosté al text referenciat a la citació núm. 19.

36 Un autoretrat en què llueix una perruca feta de rodanxes de pernil dolç en una clara referència a la inexorable caducitat de la vida.

37 Tres obres referencials de la incidència de l'epidèmia de la sida a la nostra societat i a la nostra cultura. *Corona* forma part de la Col·lecció CA2M Museo Centro de Arte Dos de Mayo i *Culito* del Museo Nacional Centro de Arte Reina Sofía.

38 Presentada a la Sala Montcada de la Fundació "la Caixa" de Barcelona (en funcionament entre el 1981 i el 2006), aquesta instal·lació consisteix en la creació d'un espai relacional que aborda els límits entre l'art i la vida, la ficció i la realitat, i qüestiona l'autoria ja que compta amb la col·laboració/intervenció d'altres artistes de qui Aláez se sent propera. Diu l'artista que, quan va abordar aquesta instal·lació, va tenir la sensació que seria la darrera exposició en què treballaria. Un sentiment que avui encara sent envers cada nou projecte que emprèn, com, per exemple, «Som Palau / Som Estable», el que ara ens ocupa.

39 Realitzada amb peces de pell usades a través de les quals l'artista evoca la cerca de la bellesa entre «allò execrable i allò sublim; allò transcendent i allò excèntric». Aquesta obra forma part de la Col·lecció Museo de Bellas Artes de Bilbao.

49

obres que la componen[40] com pel desenvolupament i la instal·lació en l'espai expositiu, és el buit.[41] És el millor marc per emplaçar el conjunt d'una producció[42] que, si encara no té una forma definitiva en el moment en què s'escriu aquest text, és susceptible de reflectir aspectes diversos de la vida artística i personal de l'artista, en un moment i en un lloc molt precisos. És a dir: el fragor de la batalla entre contraris[43] que continua lliurant al seu interior des de la primera vegada que planta cara a l'adversitat[44] per poder dedicar-se a l'art; el desig de mantenir viu el nivell processual de la seva pràctica escultòrica contemplant el trànsit de l'espectador com a factor que cal considerar en l'aprehensió de la seva obra;[45] la necessitat de visibilitzar un contacte real amb allò corporal fixant-ne fotogràficament un dels fragments a escala 1:1;[46] tornar a estendre les seves obres en un espai expositiu com qui s'empolaina el cos i es presenta davant els altres mostrant només una cara de la seva moneda; saltar de nou per un precipici sense xarxa per experimentar, amb intensitat, la vibració de les negociacions internes –dubtes i certeses– inherents a tot fet expositiu…, a expressar una manera de veure i d'entendre el món ubicat entre la fatigosa obligació d'haver de ser constantment una mateixa i el fet de residir a Mallorca des de fa tretze anys, una circumstància gens fútil.

40   Totes de nova producció, excepte una: *El conflicto es otro* (2018).

41   Aquell buit de què es va valer el 1992 per materialitzar la invisibilitat femenina, l'artificiositat de la vida i la multiplicitat de persones que habiten l'interior dels nostres cossos.

42   Cinc en total:
Soy Palacio / Soy Establo (primer planteamiento)
[Som Palau / Som Estable (primer plantejament)], 2024. Fotografia
Soy Palacio / Soy Establo [Som Palau / Som Estable], 2024. Espart i cadenes
El conflicto es otro [El conflicte és un altre], 2018. Espart
Infinitas veces el mismo lugar [Infinites vegades el mateix lloc], 2024. Espart
Hilera de traiciones [Filera de traïcions], 2024. Cordes d'espart

43   Recordau la tensió entre contraris a la qual hem fet referència al començament d'aquest text evocant Heràclit d'Efes?, el nostre inici fallit?

44   Ens referim a l'entorn social i familiar de l'artista, quelcom a què posteriorment fa referència –potser per restituir, qui sap!– quan afirma: «Pens que he heretat de la meva família una mena de "silenci", "de buit… De ser". Crec que això té alguna cosa a veure amb l'art». Una afirmació que apareix publicada al catàleg referenciat a la citació núm. 19.

45   A pesar que hagi dit més d'una vegada que «en general, a mi mai no m'han servit les opinions dels altres».

46   Concretament un braç. Apareix a l'obra que dona títol a l'exposició.

La llista de deu obres que hem esmentat anteriorment acabava amb *El conflicto es otro*,[47] realitzada el 2018. No és per atzar. És perquè el camí que segueix l'artista per treballar aquesta exposició comença cercant el fil del qual estirar per poder complir amb una doble missió: armar-se de valor per actuar conseqüentment davant el marc conceptual que s'havia autoimposat –mai no s'han de refusar els impulsos!– i pensar, a partir d'aquí, quines passes s'han de fer seguint el ritme que més li agrada, això és, com qui comença a teixir un jersei. És així –és a dir, assumint que teixiria fins que una forma prengués cos– com entén que *El conflicto es otro* ha de ser el fil que ha d'estirar. Es tracta d'una obra que, amb la forma d'un embolic d'orificis i cintes d'espart que penja del sostre i reposa a terra, li dona la clau per entendre l'exposició com un intent d'abraçar l'impossible, com una abraçada a un espai donant volum al buit.[48]

Consagrada a la tasca d'ordir una estructura efímera amb cintes i sogues d'espart trenat, cadenes d'acer oxidades i noves, i intercalant concavitats de fibra natural que, a la manera de crisàlides, concep com a receptacles susceptibles d'interpretar-se com a cadascú li sembli –que cadascú pensi el que vulgui!–, Ana Laura Aláez sap que la seva exposició no estarà acabada fins a l'últim moment.

Si voleu, quan hagi acabat i n'hàgiu vist els resultats, podem trobar-nos un dia per parlar un poc de tot. Si us fascina tant com a mi des que em vaig embarcar amb ella en aquesta aventura,[49] crec que no us en penedireu.

Nota de l'autor: haureu reparat que, per a la realització d'aquest text, he obtingut informació de molt poques fonts: dos textos publicats en dos catàlegs d'exposicions individuals d'Ana Laura Aláez, un article aparegut en una revista, una conferència de l'artista, moltes hores de telèfon, fotos i vídeos enviats per WhatsApp i, sobretot, trenta-dos anys d'amistat amb ella, a qui sent molt propera. Per raons diverses. Podria haver consultat més fonts i fins i tot haver escrit un altre text. Però no ha estat així. És tan extraordinari tot el que he après a través d'aquestes fonts que no puc estar-ne més agraït! Especialment amb Ana Laura.

---

47   Aquesta obra deriva de *Cortina* (1994), una obra idèntica realitzada en làtex i del fil de la qual estira l'artista per refer-la en espart i titular-la *El conflicto es otro* (2018).

48   Ja ho havíem vist a l'obra *Mujeres con zapatos de plataforma* (1992), una obra que pertany a la Col·lecció d'Art Contemporani Fundació "la Caixa".

49   Va ser a través d'una telefonada el febrer de 2023.

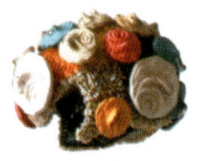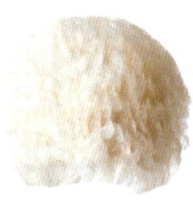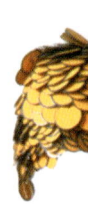

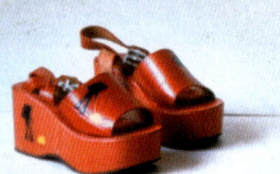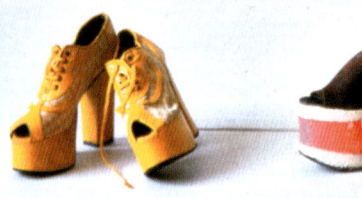

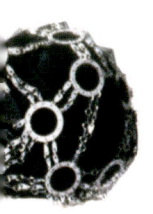
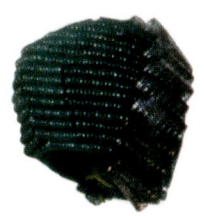
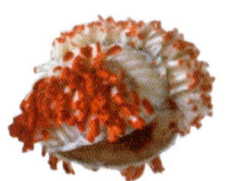
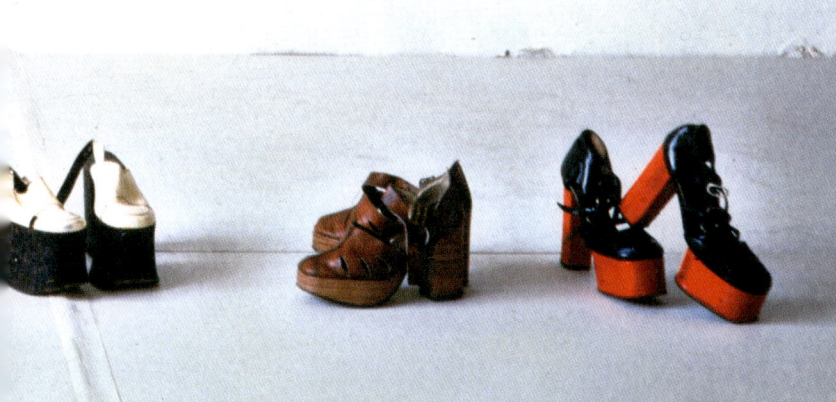

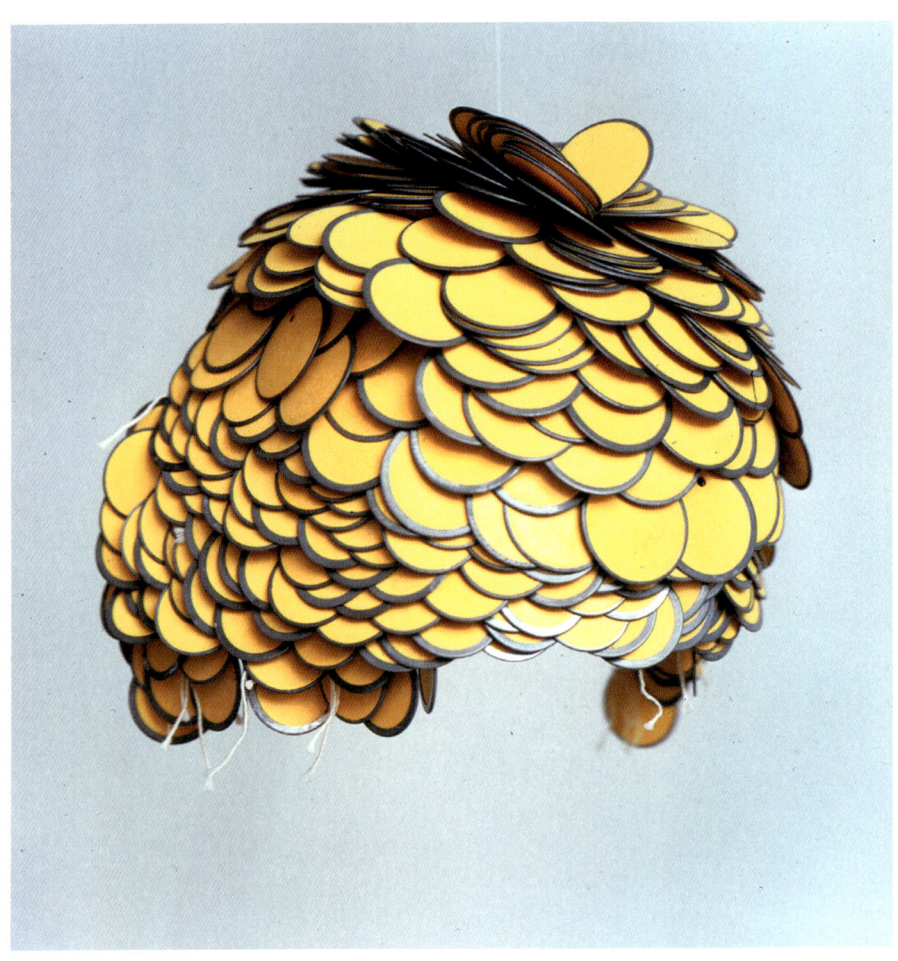

Pàgines anteriors / Páginas anteriores / Previous pages:

Mujeres sobre zapatos de plataforma [Dones sobre sabates de plataforma], 1992.
Sis perruques dissenyades per l'artista i sis parells de sabates dels anys setanta,
185 x 332 x 29 cm. Col·lecció d'Art Contemporani Fundació "la Caixa"

Mujeres sobre zapatos de plataforma, 1992. Seis pelucas diseñadas
por la artista y seis pares de zapatos de los años setenta,
185 x 332 x 29 cm. Colección de Arte Contemporáneo Fundación "la Caixa"

Mujeres sobre zapatos de plataforma [Women on Platform Shoes], 1992.
Six wigs designed by the artist and six pairs of shoes of the 1970s,
185 x 332 x 29 cm. "la Caixa" Foundation Contemporary Art Collection

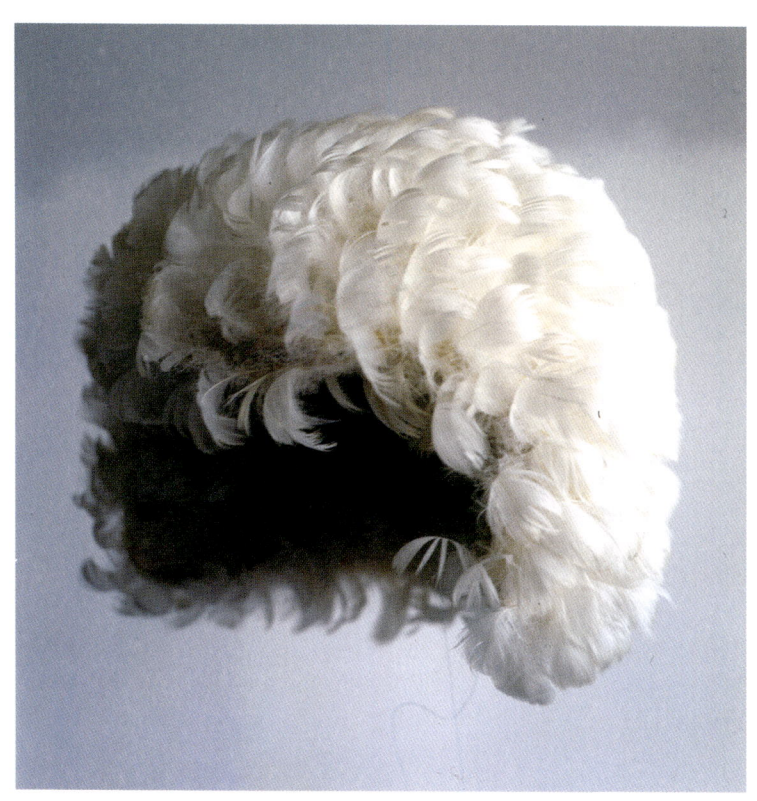

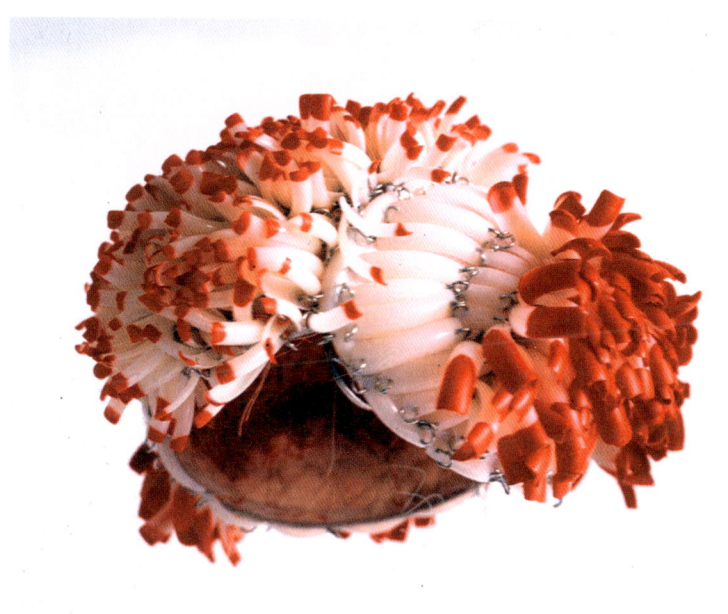

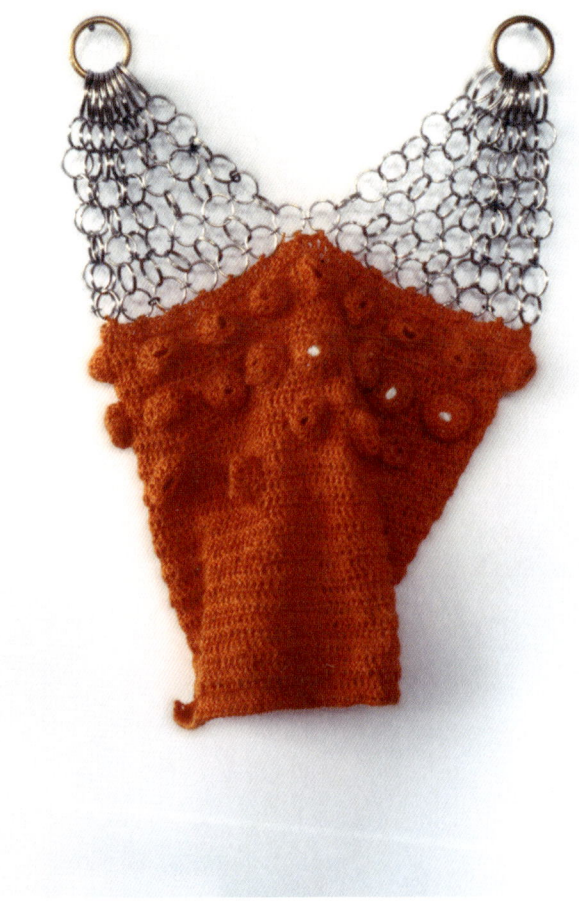

Mary Sex, 1991. Llana i metall, 70 x 50 cm.
Cortesia de Juana de Aizpuru

Mary Sex, 1991. Lana y metal, 70 x 50 cm.
Cortesía de Juana de Aizpuru

Mary Sex, 1991. Wool and metal, 70 x 50 cm.
Courtesy of Juana de Aizpuru

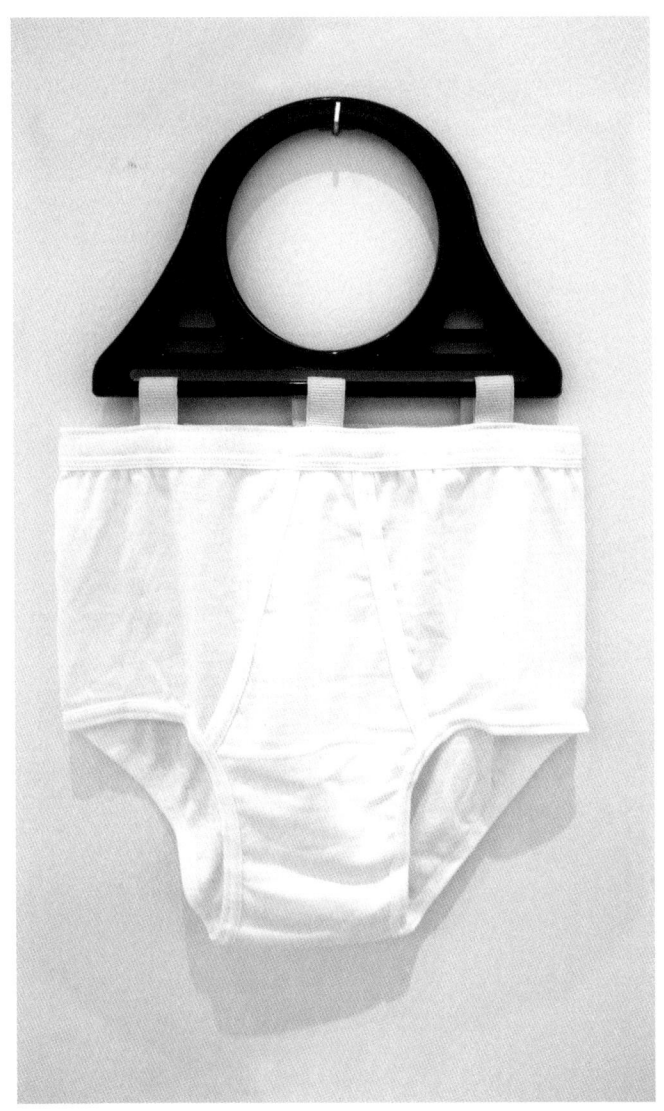

Bolso [Bossa], 1993. Calçotets de la figura paterna
i anses, 30 x 30 x 2 cm. Cortesia de l'artista

Bolso, 1993. Calzoncillos de la figura paterna
y asas, 30 x 30 x 2 cm. Cortesía de la artista

Bolso [Bag], 1993. Father figure's underpants
and handles, 30 x 30 x 2 cm. Courtesy of the artist

Autorretrato rosa [Autoretrat rosa], 1994. Fotografia damunt paper Ilford, 50 x 50 cm. Col·lecció Museu d'Art Contemporani del País Basc. Artium Museoa

Autorretrato rosa, 1994. Fotografía sobre papel Ilford, 50 x 50 cm. Colección Museo de Arte Contemporáneo del País Vasco. Artium Museoa

Autorretrato rosa [Pink Self-portrait], 1994. Photograph on Ilford paper, 50 x 50 cm. Museum of Contemporary Art of the Basque Country. Artium Museoa Collection

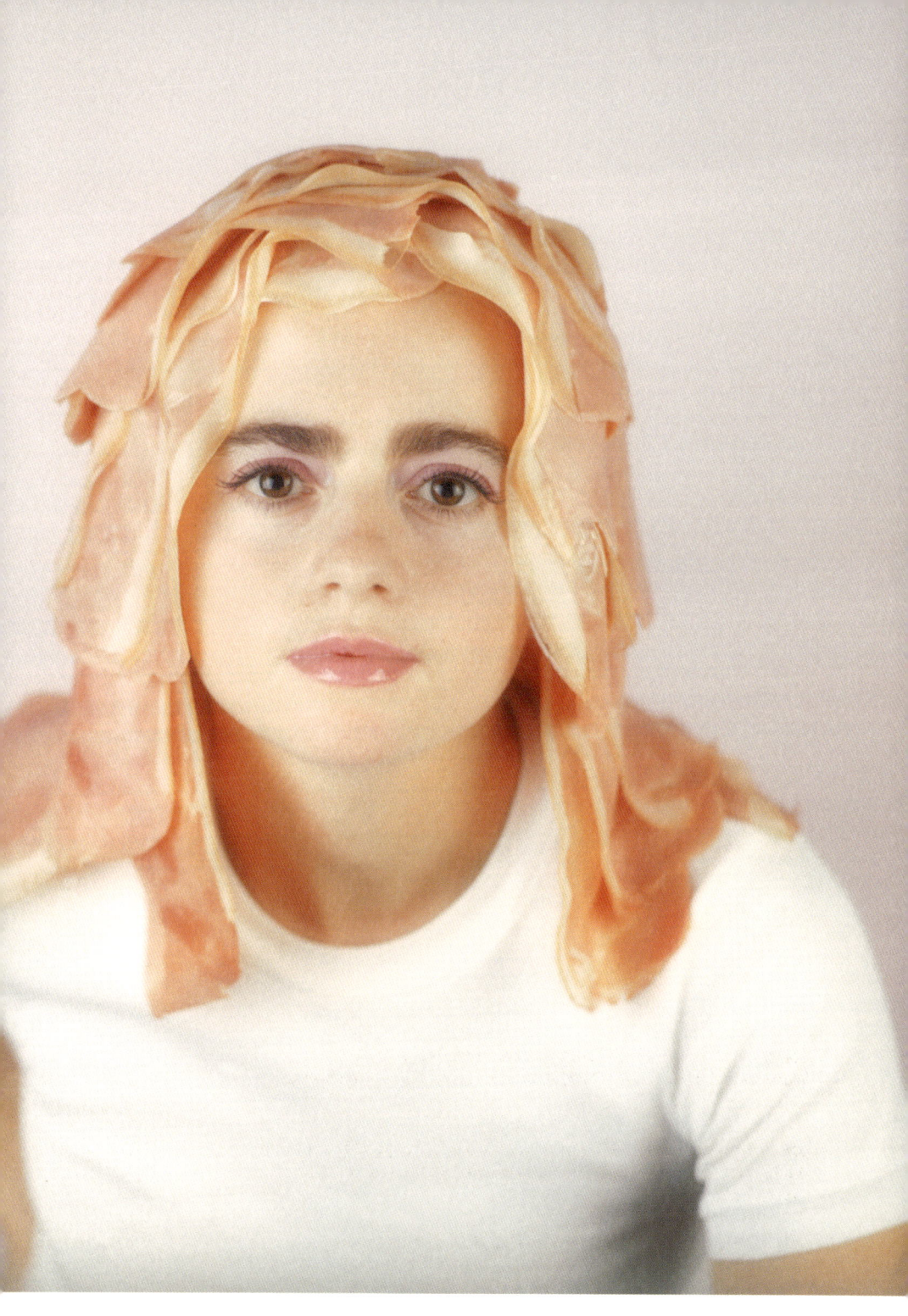

59

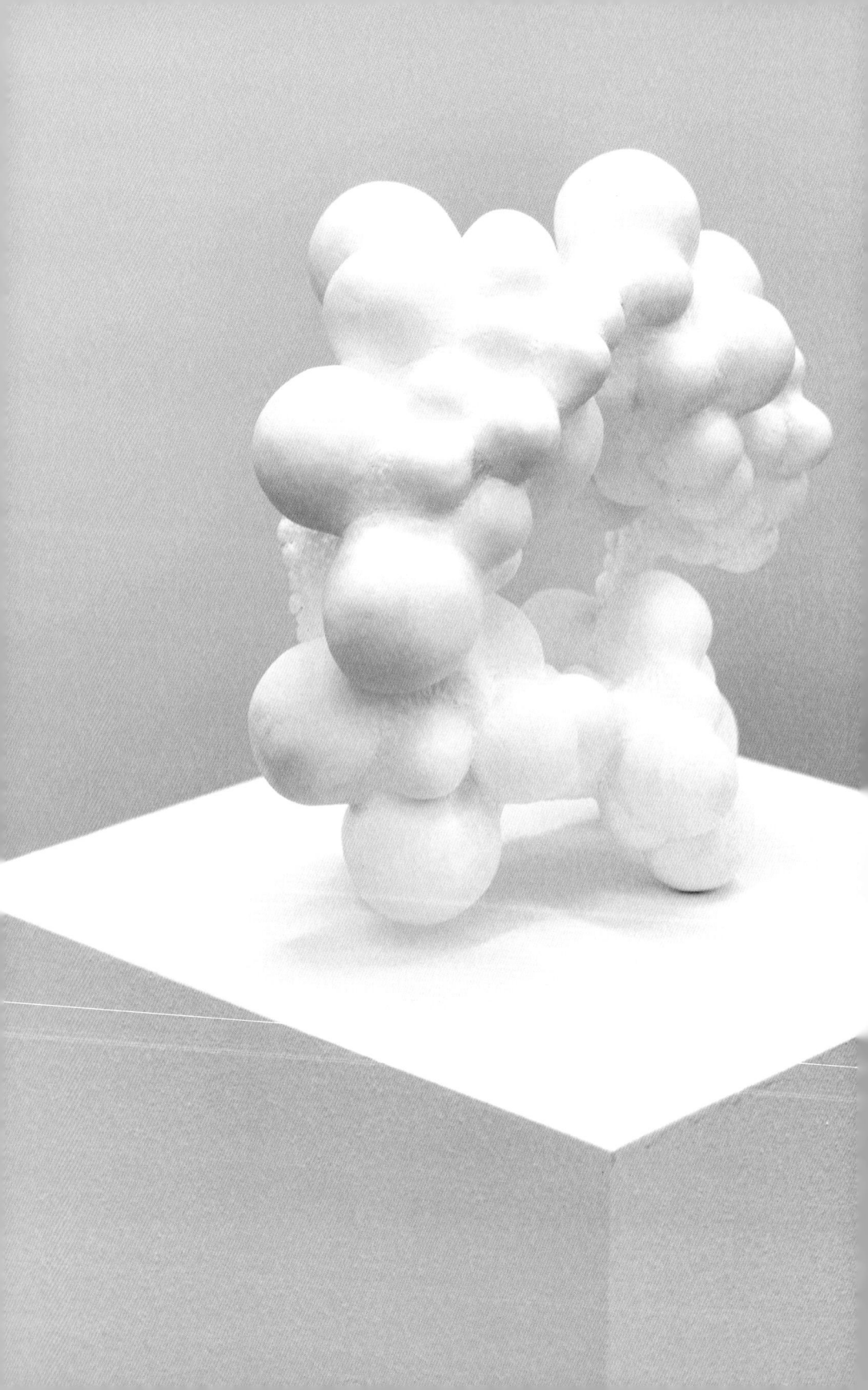

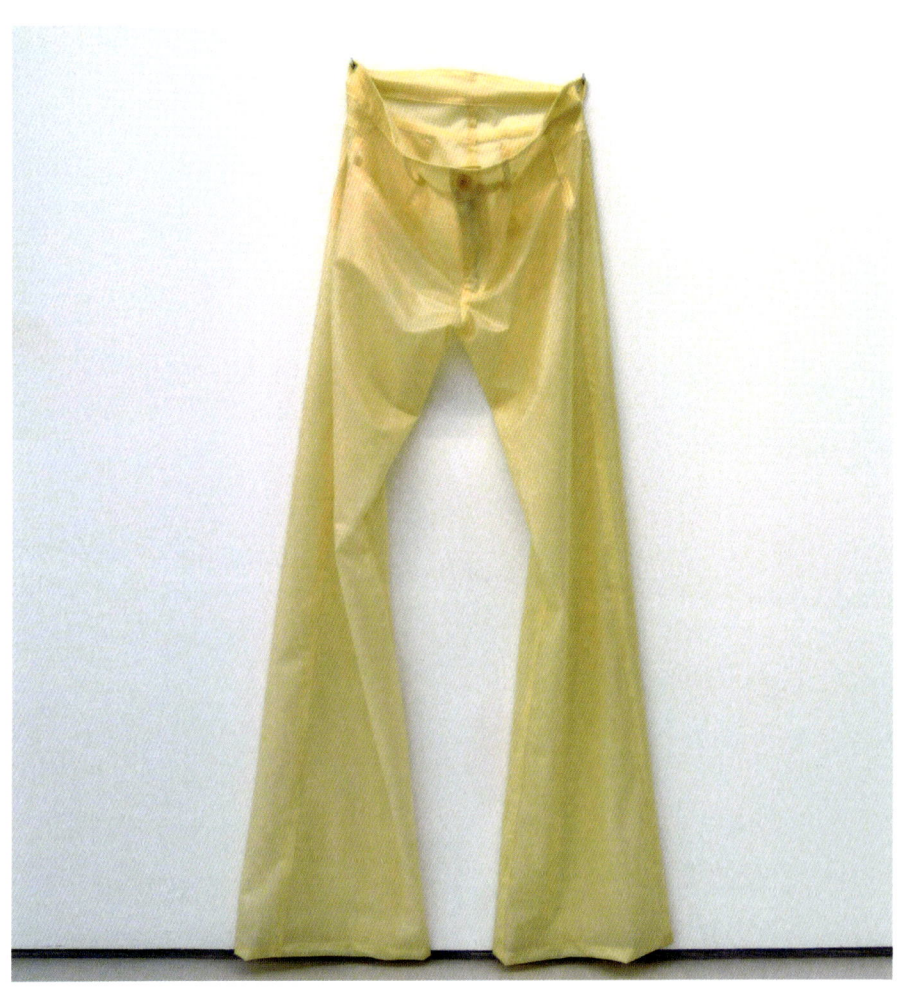

Pantalón preservativo [Pantaló preservatiu], 1992.
Làtex, 110 x 50 x 10 cm. Cortesia de l'artista

Pantalón preservativo, 1992. Látex, 110 x 50 x 10 cm.
Cortesía de la artista

Pantalón preservativo [Contraceptive Trousers], 1992.
Latex, 110 x 50 x 10 cm. Courtesy of the artist

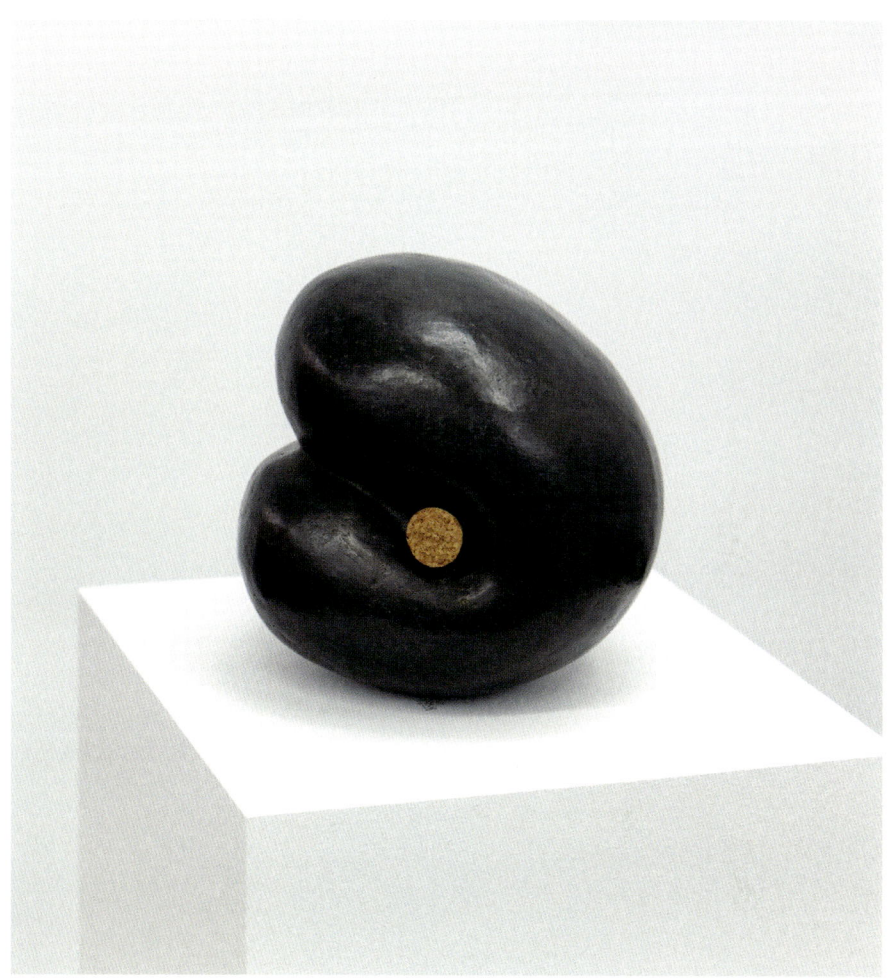

Culito [Culet], 1996. Bronze i suro, 23 x 26 x 23 cm.
Museo Nacional Centro de Arte Reina Sofía

Culito, 1996. Bronce y corcho, 23 x 26 x 23 cm.
Museo Nacional Centro de Arte Reina Sofía

Culito [Little Ass], 1996. Bronze and cork, 23 x 26 x 23 cm.
Museo Nacional Centro de Arte Reina Sofía

Cortina [Cortina], 1994/2015. Làtex i metall, 300 x 300 x 1 cm.
Col·lecció Museu d'Art Contemporani del País Basc.
Artium Museoa

Cortina, 1994/2015. Látex y metal, 300 x 300 x 1 cm.
Colección Museo de Arte Contemporáneo del País Vasco.
Artium Museoa

Cortina [Curtain], 1994/2015. Latex and metal, 300 x 300 x 1 cm.
Museum of Contemporary Art of the Basque Country.
Artium Museoa Collection

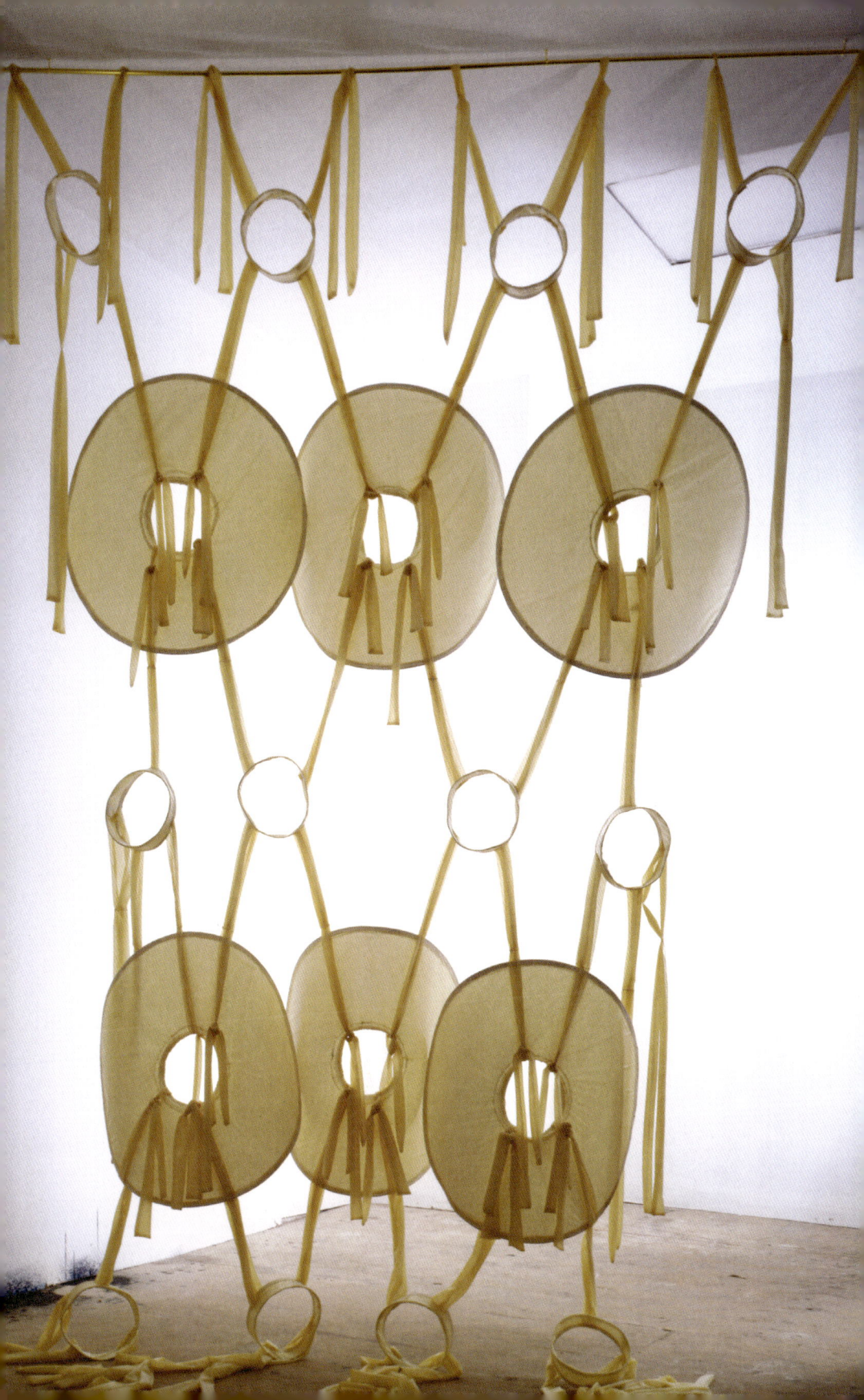

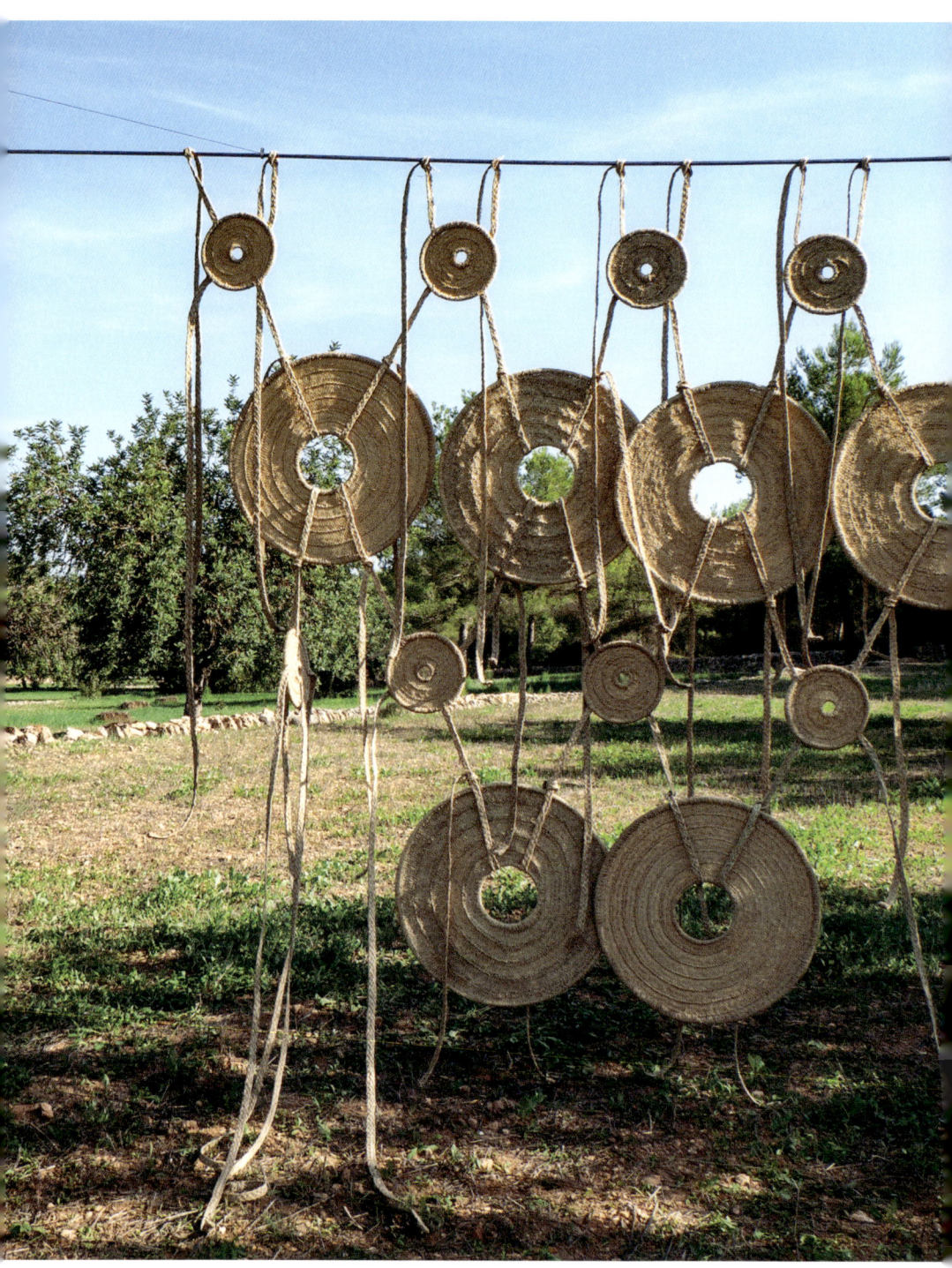

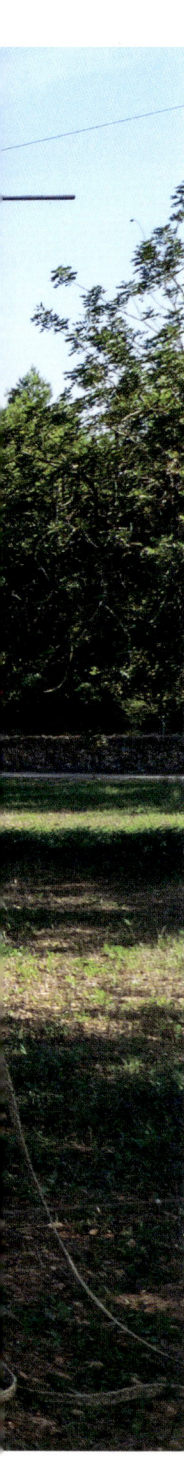

El conflicto es otro [El conflicte és un altre], 2018.
Espart, mides variables. Cortesia de l'artista

El conflicto es otro, 2018. Esparto, medidas variables.
Cortesía de la artista

El conflicto es otro [The Conflict Is Another One], 2018.
Esparto, variable dimensions. Courtesy of the artist

ENTRE EL NACIMIENTO Y LA MUERTE

Frederic Montornés

Entre el nacimiento y la muerte transcurre la línea de una vida que, como la nuestra, transita un camino que no es plano, lineal ni de rosas y cuya lucha entre contrarios[1] que libra en su interior,[2] se resuelve con la constatación de una evolución y la plena convicción de estar yendo hacia alguna parte. Esta lucha entre opuestos a la que tan bien se refiere Heráclito,[3] toda vez que implica movimiento, es lo único real en el devenir.[4] Y es que el vínculo que une los contrarios se exterioriza en el universo visible. ¿Cómo? Como una suerte de actividad permanente[5] que, en el marco de un proceso de transformación,[6] permite que cada cosa se convierta en su contrario y que la identidad de lo diferente no sea algo particular sino, justamente, ser «algo diferente».

Si nada existe sin su opuesto o contrario,[7] ¿a qué debemos la armonía o unidad de las propias cosas?, ¿a qué debemos nuestros momentos de estabilidad? ¿A la dialéctica?,[8] ¿al debate existencial que mantenemos con nosotros mismos bajo la atenta mirada de la razón, nuestro metrónomo particular? Lo ignoro. Solo sé que sin ella –la razón, quiero decir– no tocaríamos con los pies en el suelo y gravitaríamos. En el espacio.

Y la verdad, no es plan.

Entre la espada y una pared transcurre la línea de una vida que, como la nuestra, es opuesta, discordante y permanentemente contrastada. Siempre, es decir, entre el nacimiento y la muerte. Se trata de una vida que, para no morir ensartada a la primera de cambio, echa mano de la razón a modo de escudo.

---

1   «Heráclito de Éfeso (VI a. C. – V a. C.) asegura que la identidad de las cosas es su mismo ser diferente y opuesto, su mismo diversificarse y oponerse a las otras, y llama «guerra» (pólemos) a la oposición en la que consiste cada una de ellas y de la cual se genera. Lo que hay de idéntico en cada realidad es la contraposición misma de cada cosa con las otras. La discordancia, el contraste y la oposición son el mismo principio de concordancia, armonía y unidad de las propias cosas». Tal como se sostiene en el siguiente artículo: <https://elvuelodelalechuza.com/2015/03/19/heraclito-concordancia-de-los-contrarios/>.

2   Nuestra esencia humana.

3   También conocido como presocrático del cambio o como el filósofo oscuro por la dificultad de entender sus escritos.

4   Devenir: las aguas de un río que siempre se renuevan.

5   Un «fuego eternamente vivo», dice el de Éfeso.

6   Es decir, el devenir.

7   Recordemos: ningún opuesto puede darse sin el otro.

8   La discordancia, el contraste.

De haber considerado lo escrito hasta aquí como un buen arranque para el texto de esta exposición de Ana Laura Aláez en Es Baluard Museu o que, lejos de estar contento con ello, hubiera seguido por el mismo camino sin yo ser un filósofo ni un pensador ni nadie versado en Heráclito de Éfeso, me hubiera hundido en un pantanal habiendo dado pábulo a un texto desafectado, disfrazado de falsa erudición y centrado en disertar acerca de lo bello y lo siniestro en la obra de la artista y no en la labor que viene desarrollando en busca de la esencia que concentre su vida personal y profesional,[9] guiada por el compromiso de exteriorizar sus resultados –o sea, de exponerse una vez más– y acompañada muy de cerca[10] por quien escribe este texto.[11]

Si tuviera que empezar de nuevo habiendo aclarado mi desliz de inicio lo haría del siguiente modo:

«Soy Palacio / Soy Establo» de Ana Laura Aláez no es (solo) una exposición, sino un alto en el camino en el proceso de reflexión que lleva a cabo la artista a partir de las dudas y certezas derivadas de las características estructurales de un espacio expositivo[12] y de los aullidos y silencios con que les planta cara desde el momento en que opta por explorar su volumen y maneras posibles de recorrerlo desde la óptica del vacío. Por consiguiente, más que una exposición, lo que muestra Aláez en el Espacio B de Es Baluard Museu es una tentativa de aprehender el espacio como quien pretende recoger agua con las manos abiertas. Es decir, una experiencia utópico-poética condenada al fracaso a ojos externos, pero intensa y vívida para quien decide tirarse de cabeza. Vivirla en primera persona.

Si embarcarse en una empresa de estas características[13] sería una estulticia para quien el vacío fuera un concepto[14] errático condenado a vagar sin rumbo, no es así cuando quien la emprende es una escultora formada en una época[15] y

---

9   Desde que empezara su carrera artística, hacia finales de los ochenta, Ana Laura Aláez nunca ha hecho otra cosa.

10   A saber: físicamente, por teléfono, correo electrónico, WhatsApp, fotografías, vídeos o mensajes de voz.

11   Yo mismo.

12   El Espacio B de Es Baluard Museu, de 168 m².

13   A saber: querer aprehender, atrapar, capturar, comprender o penetrar el vacío.

14   Si, desde el punto de vista físico, el vacío es un espacio desprovisto de materia, desde el punto de vista emocional es la puerta a la depresión y al sentimiento agudo de soledad.

15   Finales de los ochenta.

contexto[16] precisos que, al margen de los recuerdos y sentimientos que le despierten,[17] son el áncora que la mantiene a flote e impide que se despeñe por el precipicio hacia el que nos dirigimos cuando el inconformismo[18] fluye por nuestras venas. No horchata.

Procedente de un entorno «antiartístico, árido y casi cruel»,[19] Ana Laura Aláez se forma en Bellas Artes en la Universidad del País Vasco y es devuelta al mundo, con sus propias rarezas, tras su paso por los talleres de Arteleku[20] y la aceptación de que «circunstancias como la inseguridad, la falta de medios, el no future, podían ser tan válidas para crear como las mejores teorías del mundo». Convencida de que con una misma es suficiente para seguir adelante, Aláez entra a formar parte de una generación de artistas cuya nueva forma de entender la escultura[21] se resuelve afrontando las llamadas directas de la vida al margen de la influencia que, desde los años cincuenta y hasta la denominada *Nueva escultura vasca,* ejercían dos artistas indiscutibles como Jorge Oteiza y Eduardo Chillida. Dos hombres.[22]

16   Euskadi.

17   «[...] es como si no quisiera que se acabara nunca este proceso para que yo misma vea mi trayectoria en perspectiva y me dé cuenta de los giros que ha ido tomando y, sobre todo, comprobar lo que duele una obra cuando es capaz de recordarte un bajón». Fragmento del encuentro con Ana Laura Aláez en el Museo de Bellas Artes de Bilbao con motivo de la presentación de la obra *Portadoras queer: el doble y la repetición.* En este fragmento la artista se refiere al efecto que le produce ver su trayectoria desde la perspectiva de su exposición «Todos los conciertos, todas las noches, todo vacío» en Azkuna Zentroa. <https://www.youtube.com/watch?v=l8aVoME_8rw>.

18   «Pertenezco a una generación (la del post-punk, la del *no future*) que estuvo muy marcada por un rechazo frontal a la cultura. La cultura era, de algún modo, la encarnación del poder y de la opresión», dice la propia artista en su CV, tal como aparece en su página web: <http://www.analauraalaez.com/about-me/>.

19   En palabras de Txomin Badiola, en su texto «Dos o tres cosas que estaría bien saber de ella», escrito para el catálogo de «Pabellón de Escultura», una exposición de Ana Laura Aláez en el MUSAC de León en 2008. La obra *Pabellón de Escultura* forma parte de la Colección MUSAC.

20   Confiesa la propia artista en el texto referenciado en la cita núm. 19. Ángel Bados y Txomin Badiola, que fueron sus profesores en la Facultad de Bellas Artes de Bilbao, son dos figuras muy importantes en la vida de la artista.

21   «[...] lejos del genius loci y con un cambio importante de paradigma en relación a la ligazón con lo próximo, que había impregnado gran parte del discurso del arte en la década que terminaba», en palabras de Francisco Javier San Martín en su artículo «Ana Laura Aláez. Elogio del maquillaje», publicado en el núm. 21 de la revista *Zehar* en 1993.

Tal como dice la propia artista,[23] «desde los inicios de mi práctica hay dos vectores paralelos que siempre han estado presentes de forma más o menos explícita: uno, el modo de la presencia femenina en el arte; y dos, la puesta en cuestión de los elementos plásticos que tradicionalmente han definido la escultura como un arte vinculado a nociones consideradas básicamente masculinas,[24] como la fuerza, la dureza, la prevalencia de lo físico, un sujeto seguro de sí mismo, etc., y sus diferentes reevaluaciones en los diferentes momentos de mi trayectoria». Sobre la base de estas dos fuerzas y la complicidad de otros artistas de su generación, Ana Laura Aláez se consagra a la creación de una obra que, abogando por dialogar sin prejuicios con las formas y los materiales, establece una relación más directa con la realidad, se vincula inexorablemente a vivencias personales y cotidianas, respira a pleno pulmón[25] el aire de un presente que le pisa los talones, niega sistemáticamente todo tipo de convenciones y que, echando mano de lo que tiene cerca, se traduce en la representación de formas de conducta social. La obra de Ana Laura Aláez, más que proceder de una fábrica de objetos indiscriminada, sale expulsada de un cuerpo que siente, padece y se rebela.

22   Dos notas sobre la *Nueva escultura vasca:*
      – Se conoce como «nueva escultura vasca», al impulso que recibe la escultura en Euskadi en los ochenta de la mano de artistas como Ángel Bados, Txomin Badiola, Pello Irazu, María Luisa Fernández, Juan Luis Moraza, etc., a partir del estudio de Oteiza como escultor y teórico, el aire de las nuevas corrientes estéticas internacionales y la voluntad de dejar de lado los materiales y técnicas vinculadas a la tradición escultórica local.
      – «La nueva escultura vasca daba la bienvenida al humor y la ironía situándose, por ende, en una proximidad más directa a lo real a través de un diálogo fluido con formas y materiales ligados a una vivencia cotidiana», tal como sostiene Francisco Javier San Martín en el artículo referenciado en la cita núm. 21.

23   En su CV, referenciado en la cita núm. 18.

24   Cabe recordar que la aportación de las mujeres al panorama artístico español de los ochenta –Susana Solano, Cristina Iglesias, Ángeles Marco, Menchu Lamas, entre otras– se asociaba a un tipo de actividad basada en aspectos como la potencia y la fuerza, asociados habitualmente a lo masculino. A primera vista, las obras de estas artistas no diferían de las de sus colegas, algo que cambiaría a partir de los noventa con la llegada de una nueva hornada de artistas que, lejos de desarrollar un trabajo con materiales duros y pesados –acero o cemento en escultura– o grandes formatos y rotundidad matérica –en pintura– adoptan una posición más intimista reduciendo formatos, trabajando a partir del objeto y usando materiales más ligeros, flexibles e inusuales.

25   «Creo que el artista tiene que expresar lo que le está ocurriendo, porque si tu vida cambia, el concepto que tienes del arte cambia también. Mi necesidad de volver hacia la escultura es porque me siento tan perdida que necesito la imposición de las cosas, de la masa, del volumen. El silencio de estar trabajando con una pieza es reconfortante», explica Ana Laura Aláez en el texto referenciado en la cita núm. 19.

Es una forma –su forma– de estar en el mundo.

Desde el inicio de su trayectoria artística, la obra de Ana Laura Aláez, en lugar de aferrarse a una piedra, una plancha de acero, un tronco o un bloque de cemento, se nutre de su vulnerabilidad porque «solo negociando desde ahí se accede a esos lugares imaginarios donde el arte es un lugar fascinante que concentra lo mejor y lo peor de nuestra naturaleza».[26] De modo que más que un material para cincelar, soldar, tallar o forjar, es la escucha y observación de sí misma –es decir, su existencia, su cuerpo– la materia sobre la que articula su obra.

«Más que tener talento, sentía que podía seducir fácilmente con muy pocos recursos», «siempre me he expresado muy bien con mi atuendo». Estas dos afirmaciones de la artista[27] no deberían pasar desapercibidas para entender que si el cuerpo es una de las principales referencias en su obra es porque siempre ha tenido muy claro que es justamente el cuerpo –su propio cuerpo, el cuerpo de su escultura– la peana[28] más adecuada para mostrar el material que moldea su pensamiento, articula su discurso o le impele a explorar otras maneras de representar la persona que habita su interior. Pero lo de Ana Laura con su propio cuerpo no solo es una cuestión de actitud vital, es el alimento que nutre su práctica artística.[29]

26 Sostiene Bea Espejo en su texto «No pasa nada si nada explica nada», publicado en el catálogo de la exposición «Todos los conciertos, todas las noches, todo vacío», presentada en el CA2M Museo Centro de Arte Dos de Mayo de Móstoles entre 2019 y 2020 y en Azkuna Zentroa de Bilbao en 2021.

27 Publicadas en el texto referenciado en la cita núm. 19.

28 Francisco Javier San Martín, en su texto referenciado en la cita núm. 21, afirma lo siguiente: «Lo próximo para los jóvenes no era la piedra o la madera, sino lo que llevaban encima: la ropa, las joyas, el maquillaje».

No creo que nadie pueda dudar que si en la trayectoria artística de Ana Laura Aláez existe una obra que haya supuesto un punto de inflexión e inducido a sentar las bases del léxico que, desde entonces, articula su lenguaje, esta no es otra que *Mujeres sobre zapatos de plataforma* (1992). Mostrada por primera vez en público en el marco de la exposición «Superficie»[30] y formada por seis cabezas –una suerte de pelucas elaboradas con materiales tan variados e imposibles como sugerentes– y seis zapatos de plataforma, lo que representa esta obra, según sostiene Txomin Badiola, es la estocada definitiva a la Nueva escultura vasca en la medida en que «aunque no fuese su intención […], [Aláez] utiliza uno de los motivos fundamentales de la escultura después de Oteiza: el espacio como presencia del mismo rango que la materia».[31]

Si lo más vistoso de esta obra es, sin lugar a dudas, la fantasía que se desprende de las formas, el material y el color de los elementos que usa la artista para personificar a sus seis mujeres, creo que lo verdaderamente importante –lo realmente estremecedor, me atrevería a decir– es el vacío silenciado de los cuerpos aprisionados que viven entre dos prótesis, es decir, entre lo único que vemos: pelucas y zapatos. Se trata de una obviedad que, lejos de pasar desapercibida, adquiere una relevancia especial cuando se sabe que la dimensión real

29 En relación al tema del cuerpo y el atuendo me gustaría añadir estas dos declaraciones de Ana Laura Aláez. Me parecen dignas de consideración por lo que tienen de acertadas, sinceras, tiernas y crudas:
  – «Creo que las mujeres más aceptadas en el arte –me refiero a aquellas que utilizan su propio cuerpo como instrumento de expresión– son las mujeres con vida trágica o que han representado la condición femenina desde el dolor. Mujeres magníficas como Ana Mendieta, Hannah Wilke, Francesca Woodman, etc., cuyo trabajo se basaba en el autorretrato enfocado hacia el sufrimiento, la deformación, la muerte. Las demás son unas zorras, unas engreídas, unos cerebros huecos… Yo pertenezco a este rango». Este comentario aparece publicado en el texto referenciado en la cita núm. 19.
  – «Sin saberlo por aquel entonces –porque ahora soy muy consciente–, la estética de mi atuendo fue una forma de catarsis frente a esta sociedad convulsa. Cualquier pieza de indumentaria genérica, llevada al territorio personal, puede convertirse en una forma más de expresión creativa. Las críticas que recibía fueron desde el principio muy mordaces. Ahí me di cuenta de que la diferencia, por norma, es una amenaza que se tiende a exterminar de golpe. Es tan respetable levantarse y preocuparse con "qué me pongo", como reflexionar si una escultura tiene la forma, material y escala apropiados». Este comentario aparece publicado en el texto referenciado en la cita núm. 26.

30 Exposición realizada por Ana Laura Aláez y Alberto Peral en el Espai 13 de la Fundació Joan Miró de Barcelona en 1992. Fue comisariada por quien firma este texto.

31 En el texto «Dos o tres cosas que estaría bien saber de ella», que se publica en el catálogo de la exposición de Ana Laura Aláez «Pabellón de Escultura», realizada en el MUSAC de León en 2008.

de cada uno de estos seis cuerpos invisibles coincide plenamente con el de la propia artista. Son, por tanto, seis presencias ausentes del cuerpo de Ana Laura. El cuerpo de una mujer, en primera persona, multiplicado por seis y silenciado reiteradamente con toda alevosía.

Representarse a sí misma dando pábulo a un vacío interior sin renunciar, por ello, a una relación con el otro –nosotros, el público– desde la óptica de lo visual, lo superficial, lo accesorio, lo liminar, el maquillaje, un disfraz, etc., demuestra la sensibilidad de la artista hacia las transformaciones del cuerpo en nuestra cultura contemporánea –acortando sin cesar la distancia entre lo natural y artificial, el órgano y la prótesis, la piel y el maquillaje–, la importancia que le da a los accesorios por permitir recrearnos y reinventarnos a conveniencia, la constatación del punto hasta el que hemos llegado en nuestra carrera hacia la artificialización de nuestro cuerpo humano y al deseo de visibilizar, sin atisbo de rencor, la progresiva invisibilidad de nuestra esencia como personas. Cargando tintas en lo que vemos –«Para poder interactuar o dialogar necesito lo material, la "forma", dice la artista»–,[32] dejando deliberadamente en segundo plano información valiosa sobre la procedencia de los materiales que trabaja, ensambla y/o moldea o del valor que les da como vehículos de «traducción de ciertos movimientos del espíritu»,[33] diría que todas y cada una de las obras de Ana Laura Aláez son una suerte de catarsis –o de liberación o restitución– de todo cuanto le sucede, preocupa, alegra, entristece, enfurece o desearía triturar. Lo que piensa y siente nos lo cuenta a través de sus formas. Lo vimos en *Mary Sex*[34] (1991),

32 Publicado en el catálogo referenciado en la cita anterior.

33 Expresión extraída del texto de Txomin Badiola, publicado en el catálogo referenciado en la cita núm. 31, cuando menciona al filósofo francés Henri Focillon (Dijon, Francia, 1881 – New Haven, Connecticut, EE. UU., 1943): «Decía Focillon que la vida es forma y la forma es el modo en que acontece la vida. La escultora, pero principalmente la persona Ana Laura Aláez, ha manifestado permanentemente esta necesidad vital de la forma. Como en el caso de Focillon, para Aláez las formas no serían entes puramente abstractos, sino "el mecanismo de la traducción de ciertos movimientos del espíritu"».

34 Se trata de la primera escultura realizada en punto de Ana Laura Aláez. Esta obra fue tejida por la señora que le hacía «jerséis gordos de invierno para ir al colegio». Dice la artista –en el texto referenciado en la cita núm. 19–: «Siempre tengo muy en cuenta que el "trabajo", el esfuerzo físico, no supone una garantía de conseguir una buena obra de arte. Mis trajes de punto son reivindicativos en este sentido».

en *Bolso*[35] (1993), en *Autorretrato rosa*[36] (1994), en *Pantalón preservativo* (1992), en *Corona* (1995) y *Culito* (1996),[37] en la instalación *She Astronauts*[38] (1997), en *Cabeza-Espiral-Agujero-Puño-Esperma-Nudo*[39] (2008), en *Cortina* (1994) o en *El conflicto es otro* (2018), dos obras formalmente idénticas, materialmente opuestas –la más antigua es de látex y la reciente de esparto–, separadas en el tiempo por veinticuatro años y realizadas bajo el influjo de un alma que no puede ni quiere dejar de ser ella misma y para quien el arte es un ejercicio de supervivencia.

Nunca un paseo por un camino de rosas.

Si nos hemos remontado hasta el inicio de la trayectoria artística de Ana Laura Aláez para aproximarnos a «Soy Palacio / Soy Establo» –la exposición que ahora están viendo (o verán) y que la artista ha trabajado como si fuera la última vez– es porque lo que determina el marco que establece, tanto para la concepción de las obras que la componen[40] como por su desarrollo e instalación

35   Una obra formada por un asa de bolso de plástico y unos calzoncillos de su padre. «Esta obra limpia y sucia, amorosa y a la vez plena de resentimiento, expresión de una carga y a la vez de una liberación, constituye una verdadera "deconstrucción del padre", una operación equivalente a la realizada por Louise Bourgeois a mediados de los setenta». Interpretación muy acertada de Txomin Badiola, tal como sostiene en su texto referenciado en la cita núm. 19.

36   Un autorretrato luciendo una peluca hecha a base de lonchas de jamón cocido en una clara referencia a la inexorable caducidad de la vida.

37   Tres obras referenciales de la incidencia de la epidemia del sida en nuestra sociedad y cultura. *Corona* forma parte de la Colección CA2M Museo Centro de Arte Dos de Mayo y *Culito* del Museo Nacional Centro de Arte Reina Sofía.

38   Presentada en la Sala Montcada de la Fundación "la Caixa" de Barcelona (en funcionamiento entre 1981-2006), esta instalación consiste en la creación de un espacio relacional que aborda los límites entre el arte y la vida, la ficción y la realidad, y cuestiona la autoría al contar con la colaboración/intervención de otros artistas con los que Aláez se siente próxima. Dice la artista que, al abordar esta instalación, tuvo la sensación de que iba a ser la última exposición en la que trabajaría. Un sentimiento å que todavía hoy siente frente a cada nuevo proyecto que aborda, como, por ejemplo, «Soy Palacio / Soy Establo», el que ahora nos ocupa.

39   Realizada con prendas de piel usadas a través de las cuales la artista evoca su búsqueda de la belleza entre «lo execrable y lo sublime; lo trascendente y lo excéntrico». Esta obra forma parte de la Colección Museo de Bellas Artes de Bilbao.

40   Todas ellas de nueva producción, excepto una: *El conflicto es otro* (2018).

en el espacio expositivo, es el vacío.[41] Se trata del mejor marco para emplazar el conjunto de una producción[42] que, si todavía no tiene una forma definitiva en el momento en que se escribe este texto, es susceptible de reflejar diversos aspectos de la vida artística y personal de la artista, en un momento y lugar muy precisos. A saber: el fragor de la batalla entre contrarios[43] que sigue librando en su interior desde la primera vez que planta cara a la adversidad[44] para poder dedicarse al arte; el deseo de mantener vivo el nivel procesual de su práctica escultórica contemplando el tránsito del espectador como factor a considerar en la aprehensión de su obra;[45] la necesidad de visibilizar un contacto real con lo corporal fijando fotográficamente uno de sus fragmentos a escala 1:1;[46] volver a extender sus obras en un espacio expositivo como quien se acomoda abalorios al cuerpo y se presenta ante los demás mostrando solo una cara de su moneda; saltar de nuevo por un precipicio sin red para experimentar, con intensidad, la vibración de las negociaciones internas –dudas y certezas– inherentes a todo hecho expositivo…, a expresar un modo de ver y entender el mundo ubicado entre la fatigosa obligación de tener que ser una misma en todo momento y el hecho de residir en Mallorca desde hace trece años, una circunstancia en absoluto baladí.

41 Aquel vacío del que se valió en 1992 para materializar la invisibilidad femenina, la artificiosidad de la vida y la multiplicidad de personas que habitan el interior de nuestros propios cuerpos.

42 Cinco en total:

Soy Palacio / Soy Establo (primer planteamiento), 2024. Fotografía
Soy Palacio / Soy Establo, 2024. Esparto y cadenas
El conflicto es otro, 2018. Esparto
Infinitas veces el mismo lugar, 2024. Esparto
Hilera de traiciones, 2024. Cuerdas de esparto

43 ¿Recuerdan la tensión entre contrarios a la que nos hemos referido al inicio de este texto evocando a Heráclito de Éfeso?, ¿nuestro inicio fallido?

44 Nos referimos al entorno social y familiar de la artista, algo a lo que posteriormente se refiere –quizás para restituir, ¡quién sabe!– afirmando lo siguiente: «Pienso que he heredado de mi familia una especie de "silencio", "de vacío… De ser". Creo que esto tiene que ver con el arte». Afirmación que aparece publicada en el catálogo referenciado en la cita núm. 19.

45 A pesar de que haya dicho en más de una ocasión que «por lo general, a mí nunca me han servido las opiniones de los demás».

46 Concretamente un brazo. Aparece en la obra que da título a la exposición.

La lista de diez obras que hemos mencionado con anterioridad terminaba con *El conflicto es otro*,[47] realizada en 2018. No es por azar. Es porque el camino que sigue la artista para trabajar esta exposición empieza por la búsqueda del hilo del que tirar para poder cumplir con una doble misión: armarse de valor para actuar consecuentemente frente al marco conceptual que se había autoimpuesto –¡nunca hay que rechazar las corazonadas!– y pensar, a partir de ahí, qué pasos dar siguiendo el ritmo que más le gusta, es decir, como quien comienza a tejer un jersey. Es así –es decir, asumiendo que iba a tejer hasta que una forma tomara cuerpo– como entiende que *El conflicto es otro* debe ser el hilo del que tirar. Se trata de una obra que, bajo la forma de una maraña de orificios y cintas de esparto que pende del techo y reposa en el suelo, le da la clave para entender la exposición como un intento de abrazar lo imposible, como un abrazo a un espacio dando volumen a su vacío.[48]

Consagrada a la labor de urdir una estructura efímera con cintas y sogas de esparto trenzado, cadenas de acero oxidadas y nuevas e intercalando concavidades de fibra natural que, a la manera de crisálidas, concibe como receptáculos susceptibles de interpretarse como a cada uno le parezca –¡que cada cual piense lo que quiera!–, Ana Laura Aláez sabe que su exposición no estará terminada hasta el último momento.

Si quieren, cuando haya terminado y ustedes visto sus resultados, nos podemos encontrar un día para hablar un poco de todo. Si les fascina tanto como a mí desde que me embarqué con ella en esta aventura,[49] creo que no se van a arrepentir.

Nota del autor: habrán reparado que, para la realización de este texto, he obtenido información de muy pocas fuentes: dos textos publicados en sendos catálogos de exposiciones individuales de Ana Laura Aláez, un artículo aparecido en una revista, una conferencia de la artista, muchas horas de teléfono, fotos y vídeos enviados por WhatsApp y, sobre todo, treinta y dos años de amistad con ella, a quien siento muy próxima. Por varias razones. Podría haber consultado más fuentes e incluso haber escrito otro texto. Pero no ha sido así. ¡Es tan extraordinario todo lo que he aprendido a través de estas fuentes que no puedo estar más que agradecido! En especial con Ana Laura.

47 Esta obra deriva de *Cortina* (1994), una obra idéntica realizada en látex y de cuyo hilo tira la artista para rehacerla en esparto y titularla *El conflicto es otro* (2018).

48 Ya lo habíamos visto en su obra *Mujeres con zapatos de plataforma* (1992), obra perteneciente a la Colección de Arte Contemporáneo Fundación "la Caixa.

49 Fue a través de una llamada por teléfono en febrero de 2023.

BETWEEN BIRTH AND DEATH

Frederic Montornés

Between birth and death runs the line of a life that, like ours, follows a path that is not flat, linear or lined with roses, and whose internal[1] struggle between opposites[2] is resolved through the realisation of one's evolution and the absolute certainty that we are going somewhere. This struggle between opposites to which Heraclitus[3] refers so clearly, given that it implies movement, is the only real thing in the process of becoming.[4] And the fact is that the bond that unites opposites is externalised in the visible universe. How? As a sort of permanent activity[5] that, within the framework of a process of transformation,[6] allows each thing to become its opposite and the identity of what is different to not be something particular but, precisely, "something different".

If nothing exists without its opposite,[7] to what do we owe the harmony or unity of things themselves? To what do we owe our moments of stability? To dialectics?[8] To the existential debate we have with ourselves under the watchful eye of reason, our particular metronome? I have no idea. I only know that without it—reason, I mean—our feet would not touch the ground and we would float around. In space.

And the truth is, that is not a good plan.

Between a rock and a hard place runs the line of a life that, like ours, is opposed, discordant and permanently contrasted. Always, that is, between birth and death. It is a life that, in order to not die by impalement at the first sign of trouble, uses reason as a shield.

---

1   Our human essence.

2   "Heraclitus of Ephesus (VI BC – V BC) claims that the very identity of things is their being different and opposed, their diversification and opposition to others, and he calls the opposition in which each of them consists and from which it is generated *war* (pólemos). What is identical in each reality is the very contrast of each thing with the others. Discordance, contrast and opposition are the same principle of concordance, harmony and unity of things themselves." As stated in the following article: <https://elvuelodelalechuza.com/2015/03/19/heraclito-concordancia-de-los-contrarios/>.

3   Also known as the pre-Socratic philosopher of change or as the obscure philosopher, due to the cryptic nature of his writings.

4   Becoming: the waters of a river that are constantly being renewed.

5   An "ever-living fire", says the man from Ephesus.

6   In other words, becoming.

7   Remember: no opposite can occur without the other.

8   Discordance, contrast.

If I had considered what I have written so far as a good starting point for the text for this exhibition by Ana Laura Aláez at Es Baluard Museu, or if, far from being satisfied with it, I had continued along the same path without being a philosopher or a thinker or someone versed in Heraclitus of Ephesus, I would have sunk into a swamp, having fanned the flames of a disaffected text, disguised as false knowledge and focused on discussing that which is beautiful and sinister in the artist's work, and not on the work she has been developing in search of the essence that condenses her personal and professional life,[9] guided by her commitment to externalising its results—that is, to exposing herself once again—and closely accompanied[10] by the author of this text.[11]

If I had to begin again, having clarified my initial slip-up, I would do so in the following way:

"I Am a Palace / I Am a Stable" by Ana Laura Aláez is not (only) an exhibition, but a pause along the path in the process of reflection that the artist carries out based on the doubts and certainties derived from the structural characteristics of an exhibition space,[12] as well as on the screams and silences with which she confronts them from the moment she chooses to explore its volume and the possible ways of traversing it through the lens of emptiness. Therefore, more than just an exhibition, what Aláez shows in Es Baluard Museu's Exhibition Hall B is an attempt to grasp the space as if she was collecting water with her open hands. In other words, a utopian/poetic experience bound to fail in the eyes of others, but intense and vivid for those who decide to dive in head first. To experience it firsthand.

If embarking on a task of these characteristics[13] seems foolish to those for whom emptiness is an erratic concept[14] condemned to wander aimlessly, then this is not the case when the person who undertakes it is a sculptor who came

9   Since she began her artistic career, towards the end of the 1980s, Ana Laura Aláez has never done anything else.

10   Namely: physically, via phone, email, WhatsApp, photographs, videos or voice messages.

11   Me.

12   Exhibition Hall B in Es Baluard Museu, with a surface area of 168 m².

13   Namely: wanting to grasp, trap, capture, understand or penetrate the void.

14   If, from the physical point of view, the void is a space devoid of matter, from the emotional point of view it is the door to depression and the acute feeling of loneliness.

up in a precise period[15] and context[16] that, regardless of the memories and feelings they awaken in her,[17] are the anchor that keeps her afloat and prevents her from falling off the cliff we are when we are nonconformists[18] and the blood that runs through our veins is anything but lukewarm.

Coming from an "anti-artistic, arid and almost cruel"[19] environment, Ana Laura Aláez studied Fine Arts at the University of the Basque Country and was thrown back into the world, with all her peculiarities, following the time she spent in the workshops at Arteleku,[20] having accepted that "circumstances such as insecurity, a lack of means and no future can be as useful for creating as the best theories in the world". Convinced that you only need yourself to push forward, Aláez became part of a generation of artists whose new way of understanding sculpture[21] was determined by confronting the direct calls of life, beyond the influence that, from the 1950s until the arrival of the so-called

15   End of the 1980s.

16   The Basque Country.

17   "It is as if I never wanted this process to end, so that I can see my career in perspective and realise the turns it has taken and, above all, realise how painful a piece is when it is capable of reminding you of a comedown." Fragment from the meeting with Ana Laura Aláez at the Museo de Bellas Artes de Bilbao on the occasion of the presentation of her piece *Portadoras queer: el doble y la repetición* [Queer carriers: The double and repetition]. In this fragment the artist refers to the effect that seeing her career has on her through the lens of her exhibition "All the concerts, all the nights, all empty" at Azkuna Zentroa. <https://www.youtube.com/watch?v=l8aVoME_8rw>.

18   "I belong to a generation (the post-punk generation, the 'no future' generation) that was very much marked by a total rejection of culture. Culture was, in a way, the incarnation of power and oppression," the artist herself states in her CV, as it appears on her website: <http://www.analauraalaez.com/about-me/>.

19   In the words of Txomin Badiola, in his text "Two or three things that would be good to know sbout her", written for the catalogue of "Sculpture Pavilion", an exhibition by Ana Laura Aláez at the MUSAC in León in 2008. The work *Pabellón de Escultura* [Sculpture Pavilion] is part of the MUSAC Collection.

20   The artist herself confesses in the text referenced in footnote No. 19. Ángel Bados and Txomin Badiola, who were her teachers at the Faculty of Fines Arts of Bilbao, are two very important figures in the artist's life.

21   "Far from the *genius loci* and with an important change of paradigm in relation to the connection with what came next, which had permeated a large part of the artistic discourse in the decade that was coming to an end," in the words of Francisco Javier San Martín in his article "Ana Laura Aláez: In Praise of Makeup", published in issue No. 21 of *Zehar* magazine in 1993.

New Basque Sculpture,[22] was exerted by two indisputable artists such as Jorge Oteiza and Eduardo Chillida. Two men.

As the artist herself says,[23] "Since the beginnings of my practice there are two parallel vectors that have always been present more or less explicitly: one, the mode of female presence in art, and two, the questioning of the plastic elements that have traditionally defined sculpture as an artform tied to notions basically considered masculine,[24] such as strength, hardness, the prevalence of physicality, a self-confident subject, etc., and their different re-evaluations at various points in my career." On the basis of these two forces and the complicity of other artists of her generation, Ana Laura Aláez dedicates herself to the creation of work which, through advocating for dialogue that is unprejudiced towards forms and materials, establishes a more direct relationship with reality, inexorably links itself to personal and everyday experiences, deeply breathes[25] the air of a present that is hot on its heels, systematically denies all sorts of conventions and, drawing on what is close at hand, translates into the

22   Two notes on New Basque Sculpture:
– New Basque Sculpture is the name given to the boost that sculpture experienced in the Basque Country in the 1980s at the hands of artists such as Ángel Bados, Txomin Badiola, Pello Irazu, María Luisa Fernández, Juan Luis Moraza, etc., stemming from the study of Oteiza as a sculptor and theorist, the influence of new international aesthetic trends and the willingness to put aside the materials and techniques linked to the local sculptural traditions.
– "The New Basque Sculpture embraced humour and irony, therefore placing itself in a more direct proximity to reality through a fluid conversation with forms and materials related to day-to-day experiences," as Francisco Javier San Martín claims in the article referenced in footnote No. 21.

23   In her CV, referenced in footnote No. 18.

24   It is worth remembering that the contribution of women to the Spanish art scene in the 1980s—Susana Solano, Cristina Iglesias, Ángeles Marco, Menchu Lamas, among others—was associated with a type of activity based on aspects such as power and strength, usually related to masculinity. At first glance, the work of these artists did not differ from that of their male colleagues. This is something that changed from the 1990s onwards with the arrival of a new batch of artists who, far from producing work with hard and heavy materials—steel or cement in sculpture—or large formats and thick matter—in painting—adopted a more intimate posture by reducing formats, creating object-based work and using lighter, more flexible and unusual materials.

25   "I think that an artist has to express what is happening to them, because if your life changes, the concept you have of art changes as well. My need to return to sculpture is because I feel so lost that I need the imposition of things, of mass, of volume. The silence involved in working on a piece is comforting," explains Ana Laura Aláez in the text referenced in footnote No. 19.

representation of forms of social conduct. Ana Laura Aláez's work, rather than coming from a random factory of objects, is expelled from a body that feels, suffers and rebels itself.

It is a way—her way—of being in the world.

From the beginning of her artistic career, Ana Laura Aláez's work, instead of clinging to a stone, a steel plate, a trunk or a block of cement, is nourished by her vulnerability, because "only by negotiating from that position can one access those imaginary spaces where art is a fascinating place that brings together the best and worst of our nature".[26] So rather than a material to chisel, weld, carve or forge, it is the listening to and observation of herself—meaning her existence, her body—what makes up the material on which she develops her work.

"More than being talented, I felt I could be seductive with very few resources," "I have always expressed myself well through my attire." These two statements by the artist[27] should not go unnoticed in order to understand that the reason the body is one of the main references in her work is because it has always been very clear to her that the body—her own body, the body of her sculpture work—is precisely the most suitable base[28] on which to display the material that shapes her thoughts, articulates her discourse or drives her to explore other ways of representing the person that lives inside her. But Ana Laura's relationship with her own body is not only a question of her attitude towards life, it is the food that nourishes her artistic practice.[29]

26   Bea Espejo maintains in her text "I'ts fine if nothing explains anything", published in the catalogue of the exhibition "All the concerts, all the nights, all empty", presented at CA2M in Móstoles between 2019 and 2020 and at Azkuna Zentroa in Bilbao in 2021.

27   Published in the text referenced in footnote No. 19.

28   Francisco Javier San Martín, in his text referenced in footnote No. 21, states the following: "The next thing for young people was not stone or wood, but what they were wearing: their clothes, jewellery, makeup."

I do not think anyone can doubt that if there is one piece in Ana Laura Aláez's artistic career that has been a turning point and has led her to lay the foundations of the lexicon that, since then, has articulated her language, it is none other than *Mujeres sobre zapatos de plataforma* [Women on Platform Shoes] (1992). Shown for the first time in public as part of the exhibition "Surface"[30] and made up of six heads—a series of wigs made from materials as varied and impossible as they are suggestive—and six pairs of platform shoes, this piece, according to Txomin Badiola, represents the death blow to the New Basque Sculpture insofar as "although it was not her intention ... [Aláez] uses one of the fundamental motifs of sculpture following Oteiza: space as a presence of the same importance as matter".[31]

If the most striking aspect of this work is undoubtedly the fantasy that is emitted by the forms, materials and colours of the elements the artist uses to personify her six women, I believe that what is truly important—or truly shocking, I would dare say—is the silenced emptiness of the imprisoned bodies that live between two prostheses, that is, between the only things we can see: wigs and shoes. This is something obvious that, far from going unnoticed, acquires a special relevance when one finds out that the actual dimensions of

29   In relation to the topic of the body and clothing, I would like to add these two statements by Ana Laura Aláez. They seem worthy of consideration to me because they are accurate, sincere, tender and raw:
– "I think that the most accepted women in art—I am referring to those who use their own body as an instrument of expression—are women who have lived tragic lives or have represented the female condition through pain. Magnificent women such as Ana Mendieta, Hannah Wilke, Francesca Woodman, etc., whose work was based on self-portraits focused on suffering, deformation, death. The rest are conceited bitches with hollow brains... I belong to this category." This comment appears published in the text referenced in footnote No. 19.
– "Without knowing it at the time—because now I am very aware of it—the aesthetics of my outfits were a form of catharsis in the face of this turbulent society. Any piece of generic clothing, once taken into personal territory, can become another form of creative expression. The criticism I received was very scathing from the beginning. There I realised that being different, as a rule, is a threat that tends to get exterminated quickly. It's as respectable to get up and worry about 'what should I wear?' as it is to reflect on whether a sculpture is the appropriate shape, material and scale." This comment appears published in the text referenced in footnote No. 26.

30   The exhibition by Ana Laura Aláez and Alberto Peral in Espai 13 at Fundació Joan Miró in Barcelona in 1992. It was curated by the author of this text.

31   In the text "Two or three things that would be good to know about her", published in the catalogue of Ana Laura Aláez's exhibition "Sculpture Pavilion", held at the MUSAC in León in 2008.

each of these six invisible bodies coincide fully with those of the artist herself. Therefore, they are six absent presences of Ana Laura's body. The body of a woman, in the first person, multiplied by six and repeatedly silenced in a premeditated way.

To represent herself by giving rise to an inner emptiness without giving up on her relationship with the other—us, the public—and through the lens of images, superficiality, accessories, liminality, make-up, disguises, etc., demonstrates the artist's sensitivity to the transformations of the body in our contemporary culture—continuously bridging the gap between what is natural and artificial, organ and prosthesis, skin and make-up—as well as the importance she gives accessories for allowing us to recreate and reinvent ourselves at will, the realisation of the point we have reached in our race towards the artificialisation of our human body and the desire to make visible, without a hint of resentment, the progressive invisibilisation of our essence as people. By exaggerating what we see—"In order to be able to interact or talk, I need the materials, the 'forms',″ says the artist—[32]deliberately leaving in the background valuable information about the origin of the materials she works with, assembles and/or moulds, or the value she gives them as the means of "translation of certain movements of the spirit",[33] I would say that each and every one of Ana Laura Aláez's works is a sort of catharsis—or liberation or restitution— of everything that happens to her, worries her, makes her happy, sad, enrages her, or of everything she would like to crush. She tells us what she thinks and feels through her forms. We have seen this before in *Mary Sex*[34] (1991),

32 Published in the catalogue referenced in the previous footnote.

33 Expression extracted from the text by Txomin Badiola, published in the catalogue referenced in footnote No. 31, when he mentions French philosopher Henri Focillon (Dijon, France, 1881 – New Haven, Connecticut, USA, 1943): "Focillon said that life is form and that form is the way in which life happens. The sculptor, but mainly the person, Ana Laura Aláez, has permanently expressed this vital need for form. As in Focillon's case, for Aláez, forms are not purely abstract entities, but rather 'the mechanism for the translation of certain movements of the spirit'."

34 This is the first knitted sculpture made by Ana Laura Aláez. The piece was knitted by the woman who made her "thick winter sweaters to wear to school". The artist states—in the text referenced in footnote No. 19—: "I always keep in mind that 'work', physical effort, is not a guarantee for producing a good work of art. My knitted garments are radical in this sense."

in *Bolso* [Bag][35] (1993), in *Autorretrato rosa* [Self-portrait in Pink][36] (1994), in *Pantalón preservativo* [Contraceptive Trousers] (1992), *Corona* [Crown] (1995) and *Culito* [Little Ass] (1996),[37] in the installation *She Astronauts*[38] (1997), in *Cabeza-Espiral-Agujero-Puño-Esperma-Nudo* [Head-Spiral-Hole-Fist-Sperm-Knot][39] (2008), and in *Cortina* [Curtain] (1994) and *El conflicto es otro* [The Conflict is Another One] (2018), two formally identical works, materially opposed—the former is made of latex and the latter of esparto—and separated in time by 24 years, made under the influence of a soul that cannot and does not want to stop being itself and for whom art is an exercise in survival.

It is never a leisurely stroll along a path lined with roses.

The reason we have gone back to the beginning of Ana Laura Aláez's artistic career to approach "I Am a Palace / I Am a Stable"—the exhibition that you are now seeing (or will see) and that the artist has worked on as if it were her last—is because what determines the framework she establishes, both for the conception of the works that comprise it[40] and for their realisation

35 A piece made up of a plastic bag handle and a pair of her father's underpants. "This clean and dirty work, loving and at the same time full of resentment, the expression of a burden and at the same time of liberation, constitutes a true 'deconstruction of the father', an operation equivalent to that carried out by Louise Bourgeois in the mid-1970s." A very accurate interpretation by Txomin Badiola, as he states in his text referenced in footnote No. 19.

36 A self-portrait in which she appears wearing a wig made from slices of boiled ham, in a clear reference to the inevitable expiry of life.

37 Three referential works on the impact of the AIDS epidemic on our society and culture. *Corona* is part of the CA2M Museo Centro de Arte Dos de Mayo Collection and *Culito* is part of the Museo Nacional Centro de Arte Reina Sofía Collection.

38 Presented in Sala Montcada at the "la Caixa" Foundation in Barcelona (active between 1981–2006), this installation consists of the creation of a relational space that addresses the limits between art and life, fiction and reality, and questions authorship by featuring the collaboration/intervention of other artists with whom Aláez feels close. The artist says that, when approaching this installation, she had the feeling that it was going to be the last exhibition she would ever work on. A feeling she still experiences today in the face of each new project she embarks on, such as, for example, "I Am a Palace / I Am a Stable", the one that concerns us now.

39 Made with used leather garments through which the artist evokes her search for beauty between "the execrable and the sublime; the transcendental and the eccentric". This piece is part of the Museo de Bellas Artes de Bilbao Collection.

40 All of them are new productions, except one: *El conflicto es otro* (2018).

and installation in the exhibition space, is the void.[41] This is the best framework in which to place the entirety of a production[42] that, although it does not yet have a definitive form at the time of writing, is likely to reflect various aspects of the artist's artistic and personal life, in a very precise moment and place. Namely: the clamour of the battle between opposites[43] that she continues to wage within herself since the first time she faced adversity[44] in order to dedicate herself to art; the desire to keep alive the procedural level of her sculptural practice by contemplating the movement of the spectator as a considerable factor in the understanding of her work;[45] the need to make real contact with the body visible by affixing a 1:1 scale photograph of one its fragments;[46] to lay out her work again in an exhibition space like someone who attaches beads to their body and presents themselves to others by showing only one side of their coin; to jump off a cliff again with no net in order to experience, with intensity, the vibration of the internal negotiations—doubts and certainties—inherent in every exhibition process... to express a way of seeing and understanding the world from somewhere between the exhausting obligation of having to be herself at all times and the fact that she has lived in Mallorca for 13 years, a circumstance that is by no means trivial.

41   That emptiness she made use of in 1992 to materialise feminine invisibility, the artificiality of life and the multiplicity of people who inhabit the inside of our own bodies.

42   Five in total:

Soy Palacio / Soy Establo (primer planteamiento) [I Am a Palace / I Am a Stable (First Approach)], 2024. Photography
Soy Palacio / Soy Establo [I Am a Palace / I Am a Stable], 2024. Esparto and chains
El conflicto es otro [The Conflict Is Another One], 2018. Esparto
Infinitas veces el mismo lugar [Infinite Times the Same Place], 2024. Esparto
Hilera de traiciones [A Row of Betrayals], 2024. Esparto ropes

43   Do you remember the tension between opposites that we referred to at the beginning of this text, invoking Heraclitus of Ephesus? Our failed beginning?

44   We are referring to the artist's social and family environment, something to which she later refers—perhaps to restore things, who knows!—when stating the following: "I think that I have inherited from my family a kind of 'silence', 'of emptiness... Of being'. I think this has to do with art." This statement appears published in the catalogue referenced in footnote No. 19.

45   Despite the fact that she has said on more than one occasion that "in general, other people's opinions have never been of any use to me."

46   Specifically an arm. It appears in the work that gives the exhibition its title.

The list of 10 works mentioned above ended with *El conflicto es otro*,[47] produced in 2018. This is not by chance. It is because the path the artist has followed throughout her work on this exhibition began with the search for which thread to follow in order to fulfil a double mission: to summon up the courage to act accordingly within the conceptual framework she imposed on herself—one should never reject one's intuition!—and to think, from that position, what steps to take, following the rhythm that suits her best, like when someone starts to knit a jumper. This is the way—that is, assuming she was going to continue knitting until a form took shape—in which she understood that *El conflicto es otro* had to be the thread to follow. It is a piece that, in the form of a tangle of holes and esparto ribbons hanging from the ceiling and resting on the floor, grants her the key to understanding the exhibition as an attempt to embrace the impossible, to embrace a space, giving volume to its emptiness.[48]

Devoted to the task of weaving an ephemeral structure with braided esparto ribbons and ropes, rusted and new steel chains and interspersed cavities of natural fibre that, just like chrysalises, she conceives as receptacles susceptible to being interpreted as each of us sees fit—let everyone think what they want!—Ana Laura Aláez knows that her exhibition will not be brought to completion until the very last minute.

If you want, once she finishes and you have seen the results, we can meet up someday to talk about it all. If it fascinates you as much as it has fascinated me since I first embarked on this adventure with her,[49] I doubt you will regret it.

Author's note: you will have noticed that, for this text, I obtained information from very few sources: two texts published in catalogues of solo exhibitions by Ana Laura Aláez, an article that appeared in a magazine, a lecture by the artist, many hours on the phone, photos and videos sent via WhatsApp and, above all, 32 years of friendship with her, whom I feel very close to. For various reasons. I could have consulted more sources and even written a totally different text, but that was not the case. What I have learned through these sources alone is extraordinary, and I cannot be more grateful! Especially to Ana Laura.

47   This piece derives from *Cortina* (1994), an identical piece made in latex, the thread of which the artist follows to remake it in esparto and title it *El conflicto es otro* (2018).

48   We had seen this before in her piece *Mujeres sobre zapatos de plataforma* (1992), part of the "la Caixa" Foundation Contemporary Art Collection.

49   It began with a phone call in February 2023.

ANA LAURA ALÁEZ I AGUSTÍN FERNÁNDEZ MALLO, UNA CONVERSA.

Ana Laura Aláez, Agustín Fernández Mallo, original en espanyol.

Agustín Fernández Mallo: És un gust, Ana Laura, l'oportunitat que em brinda el museu Es Baluard de poder mantenir aquesta conversa amb tu. Fa anys que la teva obra no sols em sembla d'un gran interès, i sens dubte una de les més sòlides de les nostres arts, sinó que, salvant totes les distàncies entre l'art i la literatura, de vegades em pareix detectar línies de força i processos molt semblants entre la teva obra plàstica i la meva literatura.

Ana Laura Aláez: Estic molt d'acord amb aquestes línies de força que dius que compartim. Potser per això vares ser una de les persones amb qui millor em podia comunicar tot just vaig arribar a Mallorca, el 2010. Saps?, vaig recordar alguna conversa quan a *Madre de corazón atómico* dius que abans els objectes eren metafísics, que es manufacturaven i es venien amb un ésser a dins, que una ànima els acompanyava fins que s'extingien totalment. És clar, cal demanar-se a què anomenam ànima. Al llarg de la meva experiència, en particular amb l'escultura, he notat que és el cos el que reacciona primer davant «la cosa», davant aquest ens que no està damunt la superfície però tremola, perquè percep quelcom que va abans de l'emoció. Després la ment es posa ràpidament a funcionar, però aquest cop que va directe a l'estómac, al cor o, si ho prefereixes, a un òrgan imaginari, és –almenys per a mi– el que compta. Després, pots afegir-hi maquillatge teòric, però el primer impacte ens indica si el que tenim al davant té o no té ànima.

AFM: Així ho percep jo també. En el meu cas, no és que doni prioritat a la teoria sobre l'experiència, ni viceversa, sinó que, tal com ho veig, l'ésser humà és travessat per una esquerda, per alguna cosa que li falta, i aquest abisme, estret però infinit, és l'espai que separa els productes teòrics (imaginació, idees, objectes mentals) de les experiències. Aquesta separació és el teixit mateix de la realitat. La meva idea és que el que pensam (teoritzam) mai no podem portar-ho exactament a l'experiència, sempre es perd alguna cosa pel camí; i viceversa, a tot el que experimentam en carn pròpia mai no podem trobar-li una teoria que ho expliqui satisfactòriament. En aquesta impossibilitat, en aquesta inadequació entre la teoria i l'experiència, en aquest intent per omplir aquesta esquerda que hi ha entre totes dues, és on emmarc el desig creatiu de l'ésser humà, i hi incloc aquí també les ciències. Per exemple, a la teva darrera exposició a Es Baluard, «Som Palau / Som Estable», comissariada per Frederic Montornés, hi observ quelcom que portes teoritzant i elaborant des de fa molts anys en el teu treball, però amb altres materials: en lloc de cuiro, cadenes o objectes associats a la cultura *underground,* has utilitzat cordes d'espart i ombres, maromes i materials d'oficis ancestrals. I això, en general, està en consonància amb el que alguna vegada he anomenat noma- disme *estètic,* del qual jo també particip. M'explic: quan veig la teva obra en conjunt, com una trajectòria d'almenys trenta-cinc anys, em fa la impressió que és el resultat d'un trànsit sense arrel fixa. Tant els teus interessos com les teves formalitzacions són molt plàstiques, versàtils, lúdiques, riques en subti- leses al·legòriques i en interseccions de moltes capes semàntiques.

ALA: Aquest nomadisme estètic a què et refereixes correspon també a una vagabunderia existencial. Perpetuar qualsevol ideologia d'origen o de pertinença a un lloc mai no ha estat una prioritat en el meu cas. Quan un perill està a l'aguait no hi ha temps per fer grans pancartes, només et concentres en l'acció: comences a defensar-te, caus, t'aixeques i tornes a començar. Des que era una nina ja intentava desxifrar qualsevol fet que la desigualtat de gènere hagués esquitxat. Transhumància és també dissoldre's en una identitat líquida, en mutació perpètua, amb localitzacions imaginàries. De fons batega un anhel per trobar un refugi on et sigui permès ser. Quan el 1997 vaig realit- zar *She Astronauts,* la meva primera instal·lació, tot això era molt fresc. Aquí vaig començar a experimentar altres maneres possibles de treballar gràcies als beneficis de sentir-me autònoma.

AFM: Sí, i aquest instint nòmada, sense massa estructures prèviament fixades i ric en estructures complexes, vives, poroses com organismes, inevitablement desemboca en tres coses que em pareixen importants en el teu treball, 1) les teves disposicions instal·latives semblen conduïdes per un veritable instint conceptual que cerca i furga en el teixit mateix de la realitat, en l'esquerda i en l'abisme al qual abans m'he referit, 2) la teva absència de prejudicis estètics a l'hora de triar els materials que siguin útils per als teus propòsits, venguin aquests materials d'on venguin, fins i tot moltes vegades reconceptualitzant els que, per circumstàncies i moments determinats de la vida, senzillament tens a mà, i 3) com a conseqüència de tot plegat es genera una obra que sempre parla d'una contemporaneïtat, del que està passant «allà fora», una obra que, sense renunciar a la inconfusible «aura Ana Laura Aláez», llegeix i reinterpreta el nostre hàbitat comú. Sempre tens una història per explicar-nos, en cada exposició tens alguna cosa a dir-nos, quelcom que ens concerneix, no és una mera formalització de materials.

ALA: Em remou, que diguis això. És clar que tots ens qüestionam el mateix, començant per «què feim aquí», però des de perspectives diferents. Et comentava que quan vaig començar amb la meva pràctica artística no esperava ni de lluny cap mena de reconeixement. En el meu context pareixia que l'art no estava destinat a algú que pertanyés a la classe obrera, i molt manco si eres una dona. Aquesta mena de prohibició em va fer desitjar un camí sense funcionalitat aparent: era la porta tancada del castell on vigiles amagada fins que el monstre home caigui adormit per apoderar-te de la clau. Treballar independentment a una demanda externa és quelcom que m'esforç a cuidar. En aquest sentit, me'n record de Kalostra, un projecte experimental pedagògic impartit per i per a artistes, quan el primer dia els vaig dir als participants que pensàssim que aquella era la nostra darrera oportunitat de fer alguna cosa. M'agrada que es filtri en l'obra tota aquesta actitud vital en lliça amb la nostra bèstia interior. Amb aquesta força animal que es devora a si mateixa.

AFM: A això puc dir que, en efecte, la poesia sempre treballa contra alguna cosa, no es tracta d'una lluita explícita, concreta, ni de molt d'una pràctica ideologitzada que l'únic que cerca són adeptes i súbdits acrítics, sinó de crear una poètica i una experiència de món. Hi ha gent que creu que el món és allà fora, ja creat i llest per ser descobert, però no és així, el món es crea a cada instant amb un llenguatge, i el llenguatge és en nosaltres, hem d'inventar lo nosaltres. Quan parles dels teus inicis i de les prohibicions estètiques i morals del context em fa gràcia, perquè em recorda quan vaig començar a la literatura, en què se suposava que un poema mai no podia parlar de ciència, ni de temes tecnològics, ni de lluny de qüestions relacionades amb la publicitat o el consum de masses, i em record fent un poema sobre els codis de barres, aquests bellíssims objectes, propis d'una metafísica contemporània, i aleshores els cercles clàssics literaris em digueren que això no es podia fer, que en poesia era tabú parlar d'aquestes coses. Fas el sord. Tot el que fa l'ésser humà és susceptible de ser poetitzat, des d'un pern fins a la teoria genètica o una peladura de taronja. El temps, Ana Laura, ens ha donat la raó. Per alguna cosa ens trobam artistes i escriptors molt joves que ens diuen que ens tenen com a referència. Concretament, en el teu cas, artistes emergents i estudiants d'art redescobriren la teva obra i la teva trajectòria a partir de l'exposició al CA2M, comissariada per Bea Espejo. Com a anècdota: a la darrera documenta de Kassel, a la qual vaig anar, hi havia un parell d'instal·lacions que introduïen la festa i la cultura disco en l'espai instal·latiu, i llavors vaig recordar que tu vares

96

ser la primera persona del nostre panorama artístic que entrares una discoteca en un museu, l'any 2000, i ni més ni menys que al Reina Sofía, amb el títol *Dance & Disco.* Crec que això diu molt de la teva avantguarda.

ALA: Són les noves generacions les que reconeixen aquesta instal·lació. *Dance & Disco* va tenir unes conseqüències de crítica molt negativa sobre la meva persona. Sort que, des del primer moment, em vaig obligar a no sucumbir, perquè si no, et quedes sense veu… apareix la lletjor a la teva mirada i a la teva pròpia carn. Però hi ha epítoms tremends d'estigma femení, per exemple Sinéad O'Connor. Els meus millors companys de viatge sempre han estat persones que han baixat a l'infern i n'han tornat.

AFM: Mira, precisament, fa anys comentàrem que el que mai no pot fer un artista és demanar perdó. El treball es fa, i punt. Un s'arrisca i, això sí, lògicament, acata les crítiques i les possibles conseqüències. Però no hi ha res més humiliant que un artista que demana perdó pel seu treball o que el justifica massa davant la pressió d'una nova religió anomenada *opinió pública.*

ALA: Totalment. L'art no és democràtic. Tu mateix dius que quan tens aquesta sensació d'espiar massa la teva vida necessites, m'imagín que, més que per una sensació de decòrum, per no traspassar un límit autoreferencial, apartar la vista. Com si en aturar-t'hi massa notassis que podria sorgir un sentimentalisme indesitjat i perquè, també, no vols aferrar-te a l'ordre dels fets.

AFM: És cert, a cada llibre en particular, i també en general. Si un mateix mira la seva trajectòria s'adona de la continuïtat que hi ha entre les obres. Els meus llibres, així com les meves incursions puntuals en la música, l'art o l'*spoken word,* les concep com un *continuum,* una sola obra que intenta confeccionar una poètica particular del meu entorn físic i virtual, per això a vegades torn sobre els mateixos temes, però en altres contextos, i per tant aquests temes ja són uns altres. És una mena d'«autoapropiacionisme». Com ja saps, al meu llibre d'assaig *Teoría general de la basura* abord els temes de l'apropiacionisme en l'art, la ciència i en la societat de consum, és una mena de teoria antropològica que elabor, i precisament en aquest marc encaix algunes pràctiques teves. Per exemple, fa pocs mesos, en una exposició a la Galería Pelaires, hi vaig veure una peça teva. Eren unes peladures de taronja fetes amb la tècnica del sargit i amb filferros, que entenc com a metàfora del pelat d'un cos, una idea que ja en si mateixa és genèsica i emocionant, però em va impressionar que estàs datada entre el 1995 i el 2024, és a dir, una obra que ja estava feta i que després s'ha anat reelaborant, mutant, i que, òbviament, en els diversos contextos espacials i temporals ha anat cobrant noves semàntiques, aquest «autoapropiacionisme» que genera riquesa i reflexió real pel que fa, per exemple, a la pregunta sobre què és un cos viu, ja que, al capdavall, tot cos és això, una mutació constant, no té una pell única i que dura per sempre.

ALA: Aquests salts en el temps van subratllant o deformant alguns assumptes que no eren del tot visibles al seu dia. Es va establint una mena de relació epistolar amb el treball dels altres que t'obliga a reactualitzar el teu. Record quan el Museo de Bellas Artes de Bilbao em va proposar que una de les meves escultures s'exposàs amb una de les versions de *Lucrècia* de Cranach el Vell. Aquella circumstància tan especial em va fer pensar que els dos treballs tenien alguna cosa en comú. Em referesc a un grau diferent de representació de violència. En el cas de *Lucrècia* es tracta d'expressar, ni més ni menys, un suïcidi. Un acte sense retorn contra si mateixa, per reconèixer la seva incapacitat de poder conviure amb els obscurs efectes col·laterals de per vida d'una violació. En aquest sentit, cal demanar-se com Lucrècia s'hauria representat a si mateixa. Al llarg de la història han estat els homes els que s'han encarregat de traduir, a la seva manera, el dolor femení, passant necessàriament per un filtre i sempre cercant un concepte de dona santa o màrtir per tolerar-ne la diferència. La meva obra *Cabeza-Espiral-Agujero-Puño-Esperma-Nudo* és una resposta contra aquesta beatificació de la dona per ser acceptada per la mirada de l'altre. Va sorgir en un moment de crisi creativa i existencial, en què semblava que l'art només es podia fer a ganivetades, com si sorgís a pesar de tu mateixa. En què vulnerabilitat i força bateguen com dos polsos contraris que van més enllà del volum físic. Les jaquetes de cuiro desgastades, en crucifixió, serveixen de peanya a aquestes formes que emergeixen per l'esquena. Solc trobar un filó en despulles que ningú no vol, com quan dius en una entrevista que es tracta d'extreure or no de l'excel·lència dels altres, sinó dels residus dels altres.

AFM: Talment. Aquesta frase és de *Teoría general de la basura*. M'explic. L'excel·lència cal conèixer-la, però per crear alguna cosa valuosa, útil intel·lectualment i veritablement nova, has d'anar als residus de les obres dels que ens precediren, has de veure què es va rebutjar al seu dia –què es va considerar brossa–, i com això et pot servir avui de matèria primera futura. Així ho va fer Cervantes al *Quixot* amb els llibres de cavalleries que l'havien precedit, així ho va fer Einstein amb Newton, així ho va fer Goya amb Velázquez, etc. I, en realitat, és molt lògic: de l'excel·lència d'una obra ja no en podràs extreure res que la superi, perquè l'excel·lència, per definició, és superlativa, no pots anar més enllà de l'excel·lència. Cal anar als seus marges, a les seves zones impures, a les seves fronteres.

ALA: I sempre latents els oposats que es toquen, com en aquestes dues frases teves: «La vida escriu la ficció que nosaltres mai no ens atrevirem a escriure» i «La memòria és literatura o no ho és». No sé si ets d'aquests escriptors que senten terror quan comencen un llibre nou.

AFM: No, no patesc mai quan escric, ni quan començ ni durant el procés, al contrari, és una investigació empesa per la il·lusió, algunes vegades veus una llum que t'il·lumina d'una manera en què de sobte ho visualitzes tot, altres vegades ho veus tot fosc, però això forma part del viure mateix. Treball sense cap pla previ, mai no sé el que escriuré l'endemà, es converteix així en un organisme viu, com una planta que veus créixer cada dia, no saps quina fulla serà la següent que apareixerà. I, en efecte, crec que això que anomenam memòria no és un relat del que ha passat (o, com deia Deleuze, la memòria no és un arxiu), sinó que és quelcom que es construeix des del present, per tant parla del nosaltres avui, no del que «realment» ha passat.

ALA: Com quan contes al teu darrer llibre que t'entossudires a portar a casa una bola de neu. Em rebota a un dels meus referents, a qui recorr quan no sé per on he de començar un projecte. Es tracta de David Hammons, en concret de la seva obra *Bliz-aard Ball Sale,* del 1983, quan es va col·locar al carrer amb altres venedors ambulants en ple hivern a Manhattan i simulava que venia boles de neu de mides diverses, col·locades perfectament ordenades sobre una manta. És l'artista qui millor defensa el seu treball i, per això, decideix com estar present. És a la intempèrie i sense intermediaris on millor pot testar la seva obra. Sembla que diu: «[…] aquest som jo, un artista vulnerable que no aspira a mostrar cap destresa; treball amb idees que són un no-res sobre el no-res; sé el que passarà amb la meva obra quan abandoni aquest món». Amb una immobilitat aparent, es contraposa als esdeveniments en ràfega d'una ciutat com Nova York. Aquests punts de neu evoquen el petit gest quan comences alguna cosa. S'anirà engrandint, fins que t'adones que el simple ímpetu de fer és l'obra final. I saps que si s'esvaeix aquest impuls ho perds tot.

AFM: Bé, aquesta obra de Hammons per a mi és una de les peces conceptuals més ben acabades de l'art de la segona meitat del segle XX. I, la veritat, és curiós, però no l'havia relacionada amb aquesta anècdota del meu llibre *Madre de corazón atómico* (gràcies!). D'altra banda, has encertat de ple: és l'artista qui millor defensa el seu treball. Particularment, en el teu cas, sempre m'ha sorprès la força dels teus arguments, la teva perseverança i la cura de la teva «idea d'obra», així com una elecció precisa dels llocs expositius, no deixar-te portar per fàcils cants de sirena, la integritat artisticoètica. I crec que és alguna cosa que té a veure amb una altra integritat, que és la de l'artista al seu estudi, treballar per a si mateix abans que per a una exposició en concret. Ho acabes de dir: el simple ímpetu de fer és l'obra final. I hi afegiria que una obra és no sols honesta, sinó també rica en significats quan aquest ímpetu inicial es troba completament en el resultat final. M'explic: les obres rodones, les que percebem més ben acabades, són les que quan les veim ens pareix com si s'haguessin creat de cop, com si sempre hi haguessin estat, i crec que aquest «com si sempre hi haguessin» l'aporta una mena de component secret que, en efecte, des del principi fins al final l'artista ha sabut conservar: aquell ímpetu inicial, el qual, evidentment, té part de real i part de fantàstic.

ALA: Ja, sí... amb aquesta mena de procés encadenat entre ficció i veritat. M'agradaria contar-te que fa un parell de setmanes, quan l'avió tancava les portes, el comandant va dir que el vol duraria menys del que era habitual perquè traslladàvem un òrgan. Ens demanava que fóssim respectuosos a la sortida, quan arribàssim a la destinació, que ningú no s'aixecàs fins que rebéssim l'avís. Es va produir un silenci reverencial davant alguna cosa que ningú no podia veure, però sí imaginar. Tothom, en qüestió de segons, va canviar l'expressió, com si ja ens fessin partícips d'un acte litúrgic que començava allà. M'havia emportat la biografia de Ludwig Wittgenstein, escrita per Ray Monk, que, per cert, tu em vares recomanar fa molt de temps i que esmentes al teu llibre. En aquest moment vaig pensar en la idea de transferència: jo llegint una biografia sobre Wittgenstein, que tu t'aturassis en una anècdota en què s'explica que Wittgenstein defensa que una contradicció no porta enlloc, que simplement et paralitza, i que jo estigués llegint aquest fragment mentre tot l'avió flotava amb una espècie de paràlisi durant tot el trajecte.

AFM: Vaja!, al·lucín, aquesta anècdota que em contes és del principi a la fi esglaiadora, d'una potència i d'una bellesa inusitades; de fet, te la copiaré per a algun llibre, no sé on ni quan, però ho faré, que en quedi aquí constància… [rialles]. Les transferències entre les obres/persones/situacions són, de fet, el nostre material en brut, la nostra matèria primera. Sempre dic que *saber escriure és saber relacionar.* Escriure bé no té res a veure amb frases boniques, sinó amb saber unir, connectar termes que estaven separats. Així actuen també la ciència, les arts i, en general, aquesta és la definició del fet metafòric matcix. I ara que parlam de relacions, ja he comentat la relació que he vist entre la teva darrera exposició, «Som Palau / Som Estable», celebrada a Es Baluard Museu, amb altres exposicions teves anteriors, així com les relacions, fonamentals i pioneres, que fins ben entrats els anys 2000 has establert entre la pràctica escultòrica i la societat de consum de masses per donar-li una altra volta a allò aparent, i en tot això, així com en peces teves que són ja referencials, com la insuperable *Mujeres sobre zapatos de plataforma* (1993), *Pabellón de Escultura* (2008), *Todos los conciertos, todas las noches, todo vacío* (2009), o en una de les meves predilectes, *Lazos de sangre* (2014), hi veig una fortíssima relació amb temes que tenen a veure amb la metafísica, sí, amb una mena de transcendència a través del buit que hi ha en tota carnalitat. En aquest sentit, veig la teva obra com un exponent contemporani de tota aquesta tradició que cerca un «buit ple», i que va de l'atomisme de Demòcrit a les tesis d'Oteiza, passant pel concepte de buit a la física de partícules (gràcies a la física ja sabem que el *buit* no és el *no-res*, sinó que el buit està ple de partícules virtuals que es creen i es destrueixen a l'instant), o el vers tan conegut de Jorge Guillén, *Lo profundo es el aire.* I dic això perquè en utilitzar materials extrets (segons els casos) del pop, de l'*underground* o recentment de l'artesania, en una lectura ràpida o superficial de la teva obra algú podria pensar que tracta de l'hedonisme. I sí, però té també la persistència d'aquesta altra capa, constant i molt intel·ligent, de la recerca incessant d'una, per anomenar-la d'alguna manera, *alquímia del buit.*

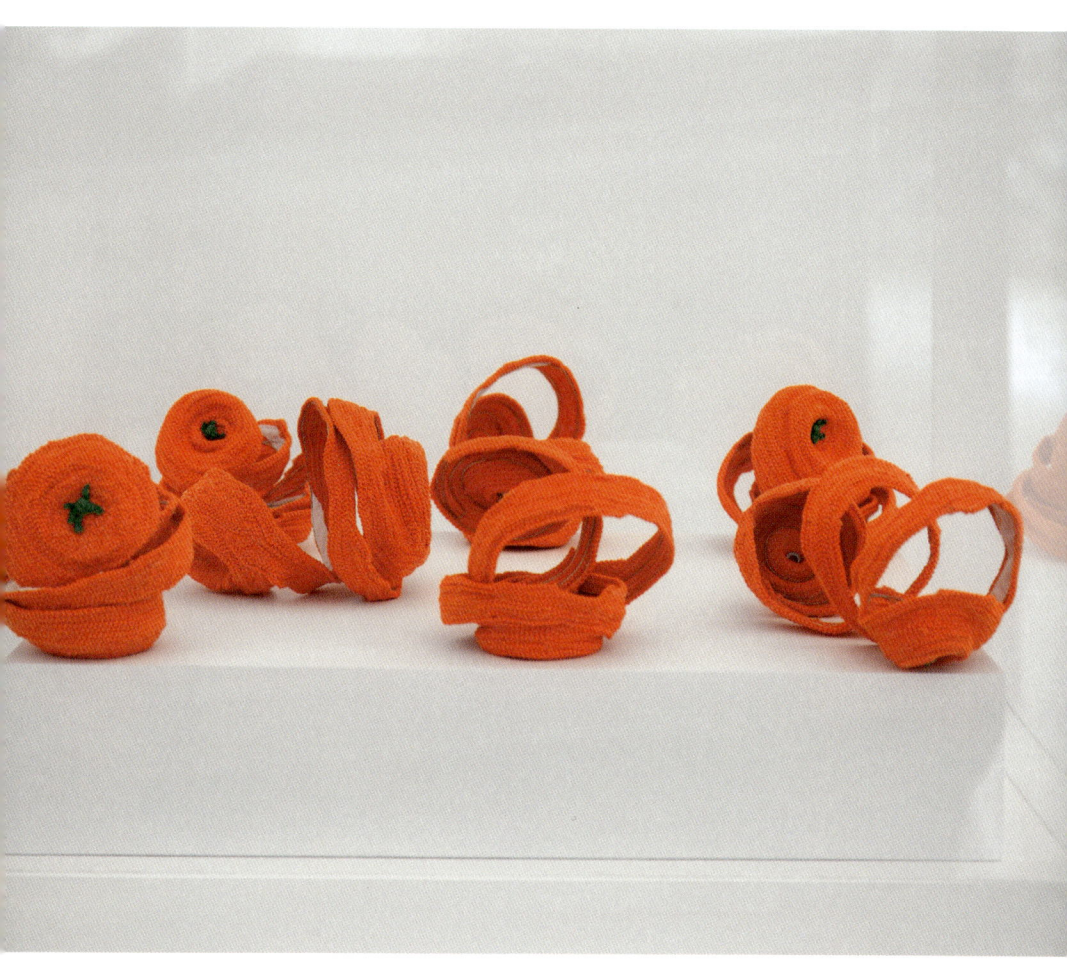

Piel de Naranja [Pell de taronja], 1995. Fil sargit i filferro,
set elements de 10 x 10 x 8 cm c/u. Cortesia de l'artista

Piel de Naranja, 1995. Hilo zurcido y alambre,
siete elementos de 10 x 10 x 8 cm c/u. Cortesía de la artista

Piel de Naranja [Orange Peel], 1995. Darning thread and wire,
seven pieces measuring 10 x 10 x 8 cm each. Courtesy of the artist

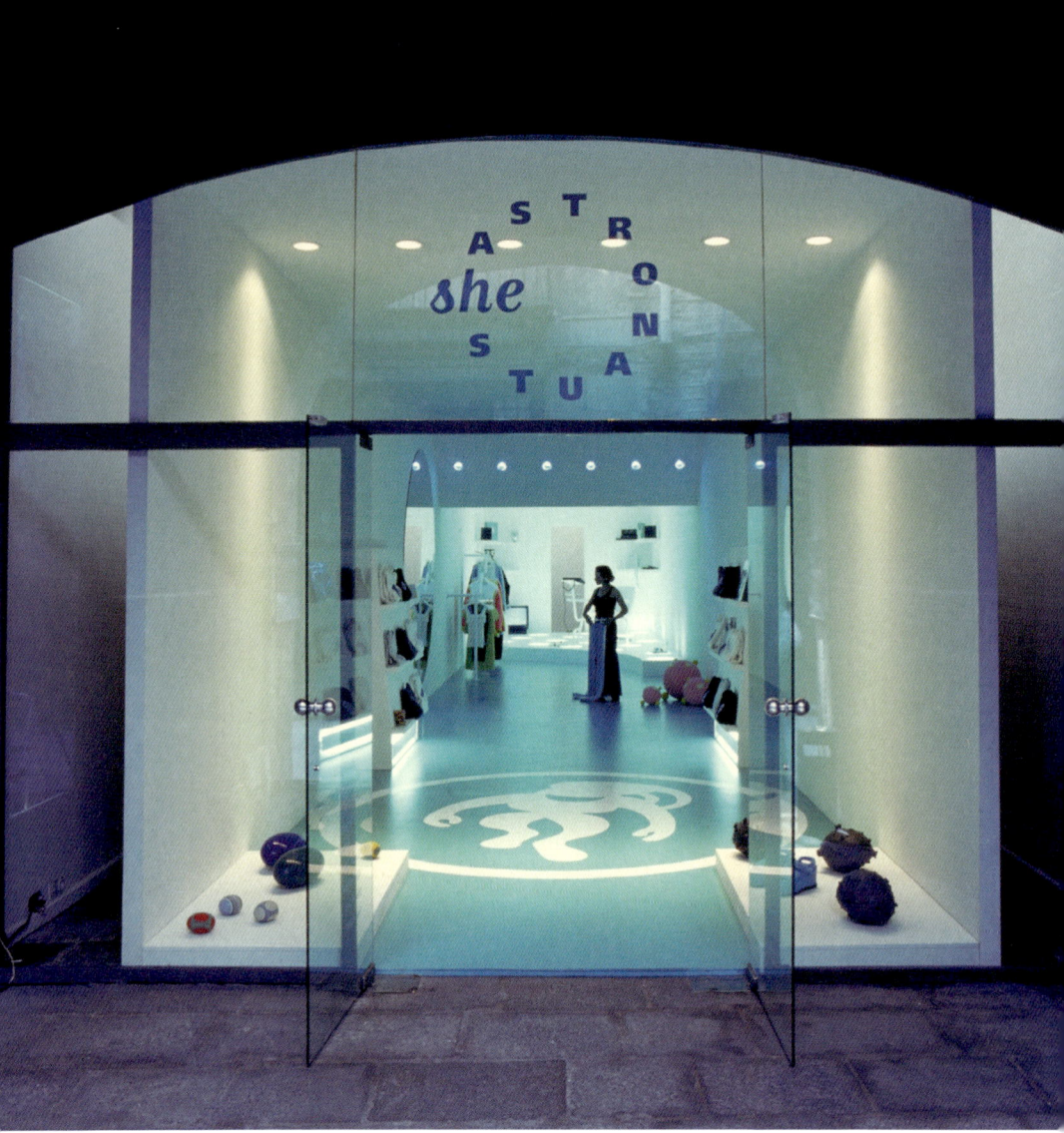

She Astronauts, 1997. Instal·lació *site-specific*, mides variables.
Sala Montcada, Fundació "la Caixa". Cortesia de l'artista

She Astronauts, 1997. Instalación *site-specific*, medidas variables.
Sala Montcada, Fundación "la Caixa". Cortesía de la artista

She Astronauts, 1997. Site-specific installation, variable dimensions.
Sala Montcada, "la Caixa" Foundation. Courtesy of the artist

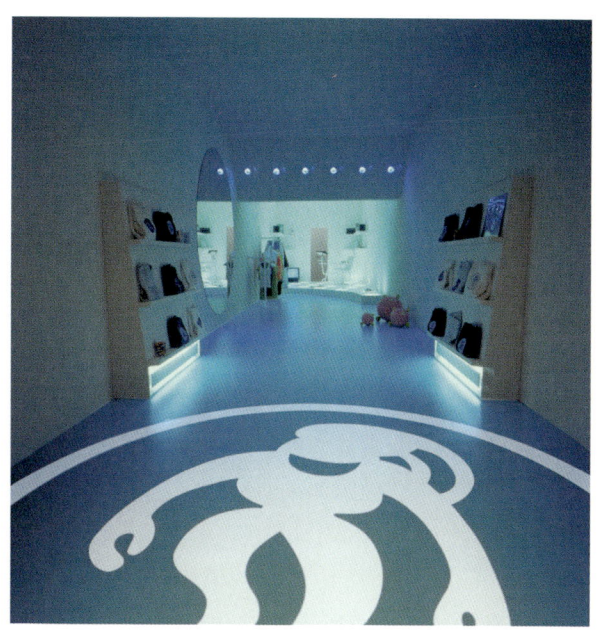

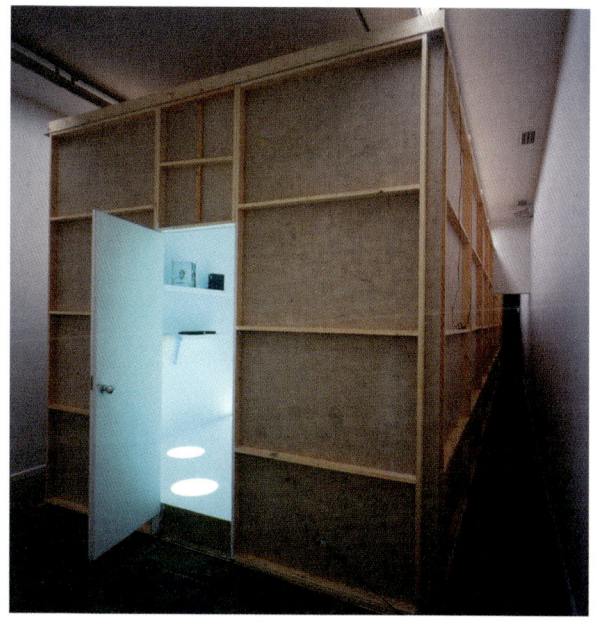

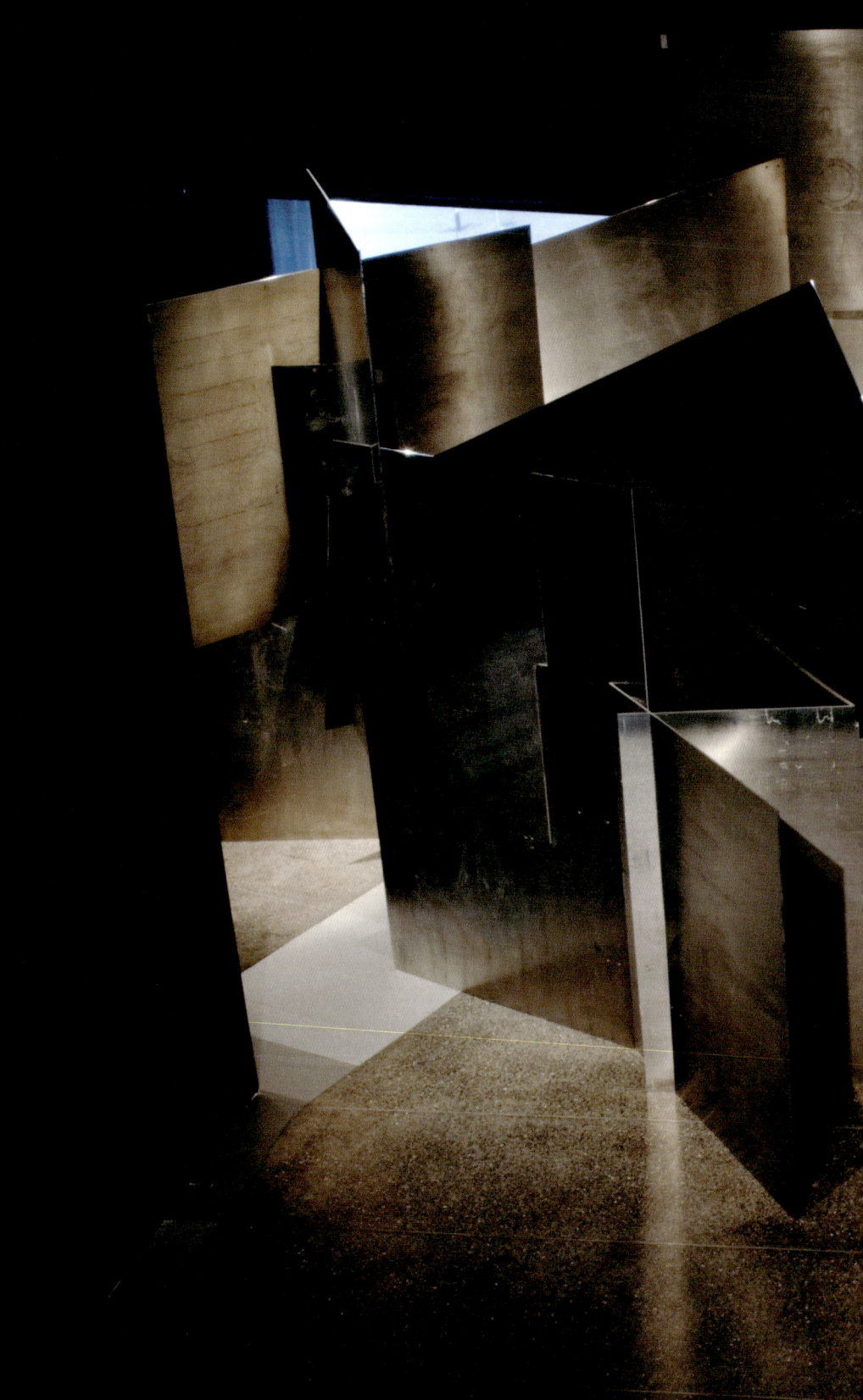

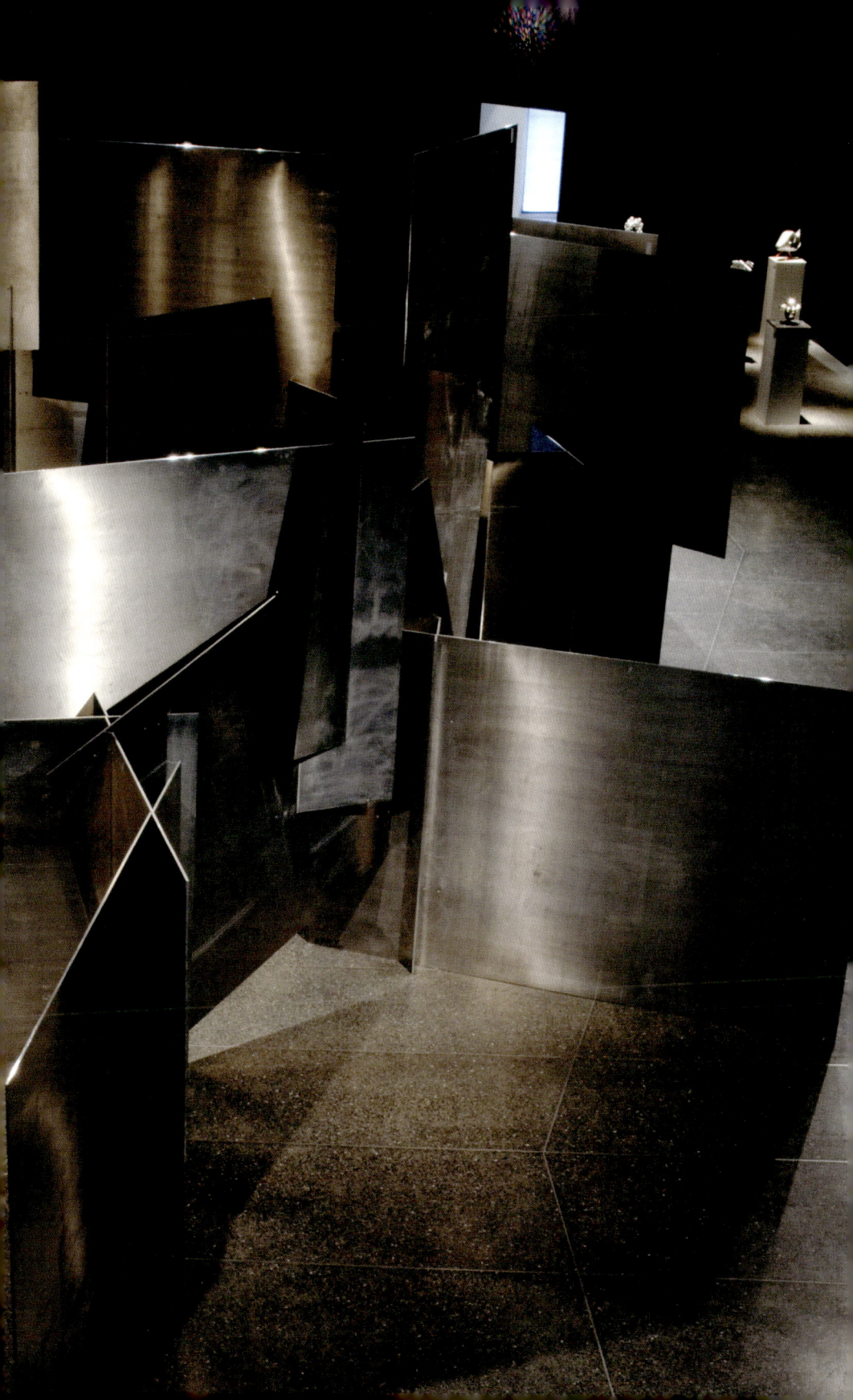

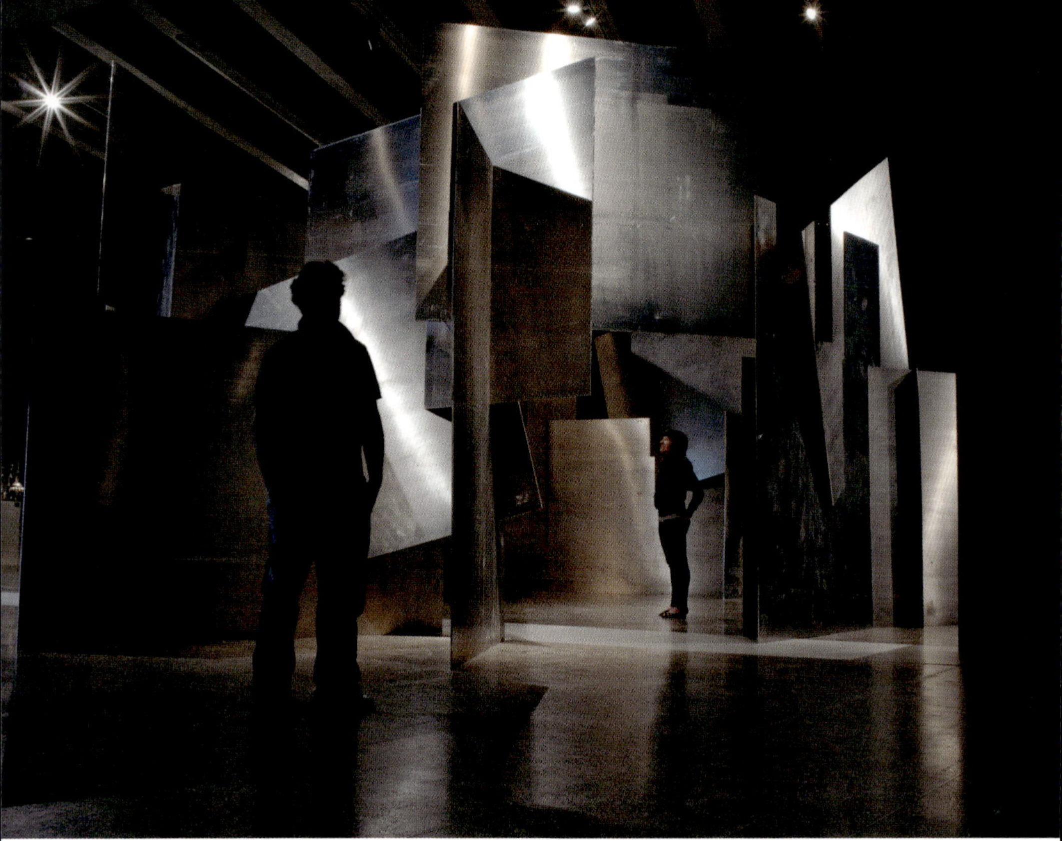

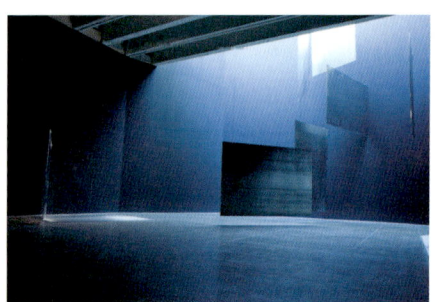

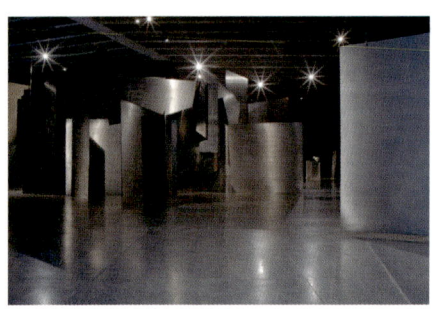

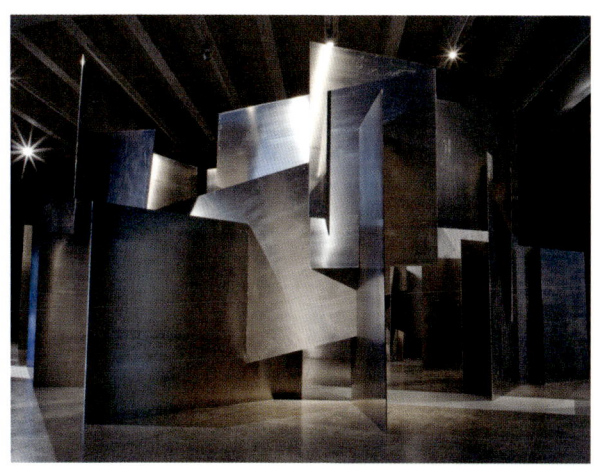

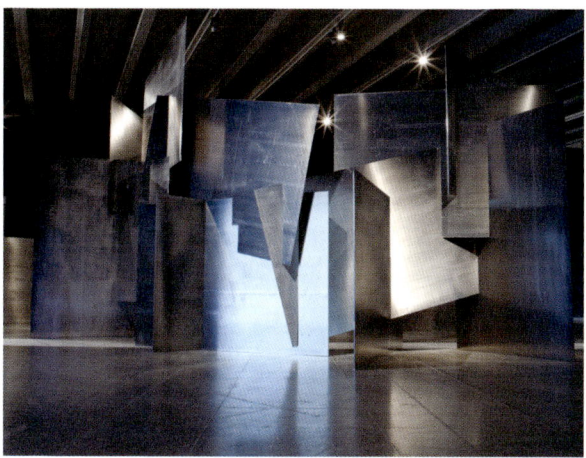

Pàgines anteriors / Páginas anteriores / Previous pages:

Pabellón de escultura [Pavelló d'escultura], 2008. Instal·lació,
42 xapes d'alumini (300 x 200 x 1 cm c/u), mides variables.
Col·lecció MUSAC. Vista de l'exposició «Pabellón de escultura», MUSAC, 2008

Pabellón de escultura, 2008. Instalación,
42 chapas de aluminio (300 x 200 x 1 cm c/u), medidas variables.
Colección MUSAC. Vista de la exposición «Pabellón de escultura», MUSAC, 2008

Pabellón de escultura [Sculpture Pavilion], 2008. Installation,
42 aluminum plates (300 x 200 x 1 cm each), variable dimensions.
MUSAC collection. View of the exhibition "Pabellón de escultura", MUSAC, 2008

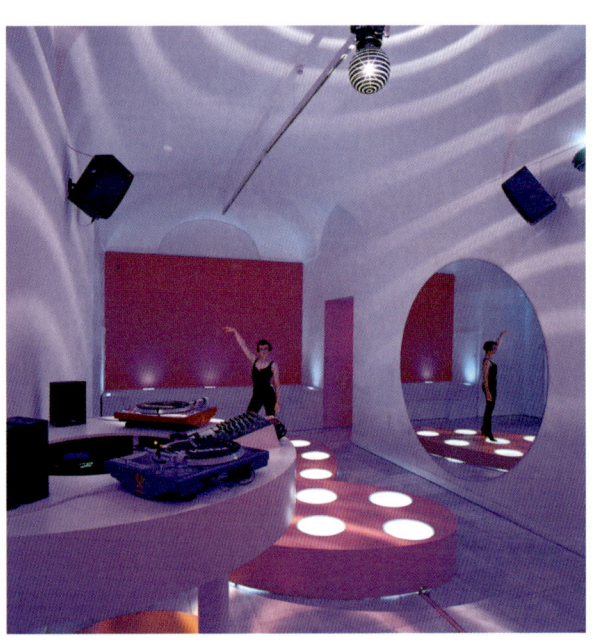

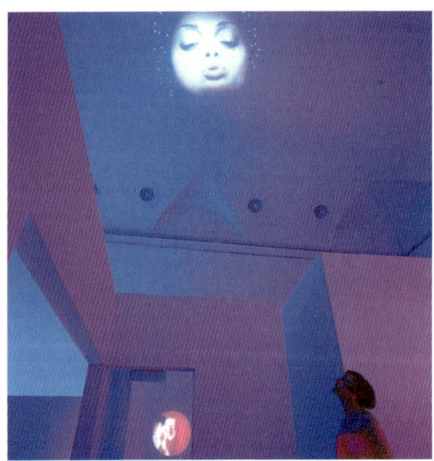

Dance & Disco, 2000. Instal·lació *site-specific*. Vistes de l'exposició,
Museo Nacional Centro de Arte Reina Sofía, 2000. Cortesia de l'artista

Dance & Disco, 2000. Instalación *site-specific*. Vistas de la exposición,
Museo Nacional Centro de Arte Reina Sofía, 2000. Cortesía de la artista

Dance & Disco, 2000. Site-specific installation. Exhibition views,
Museo Nacional Centro de Arte Reina Sofía, 2000. Courtesy of the artist

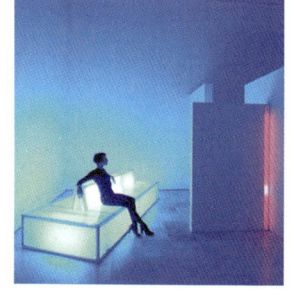

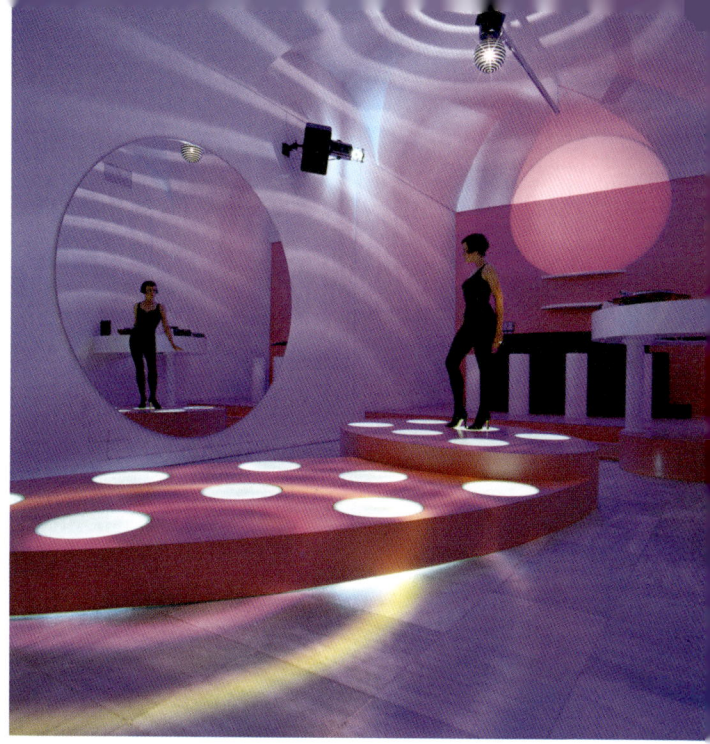

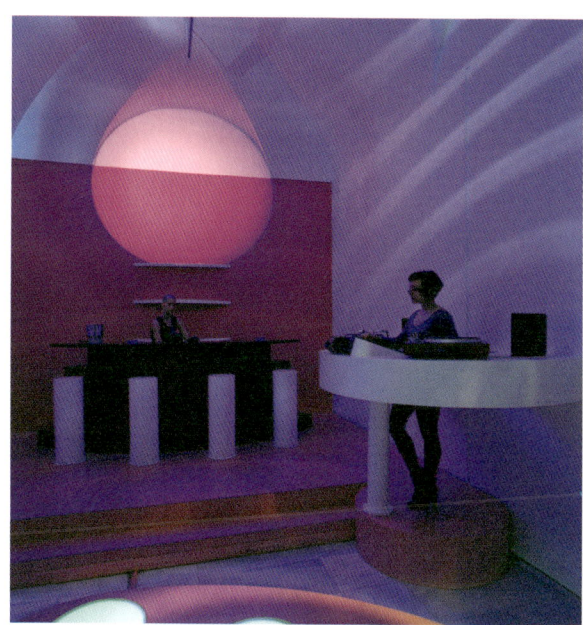

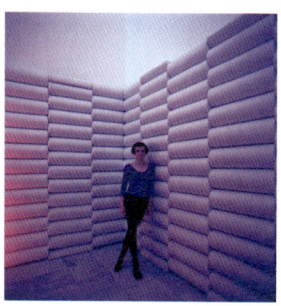

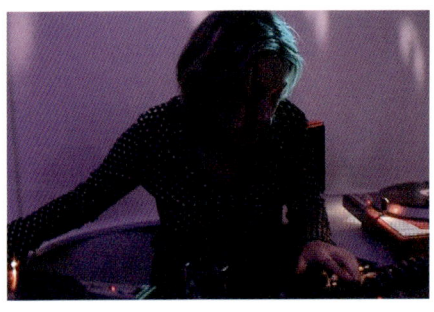

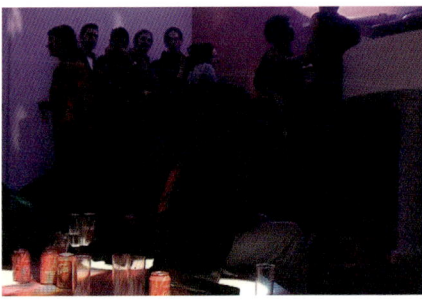

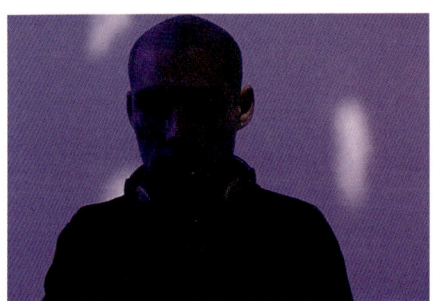

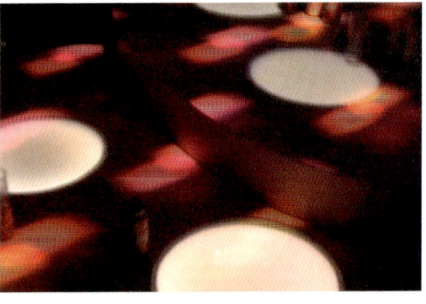

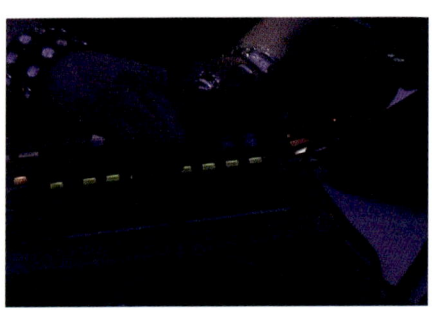

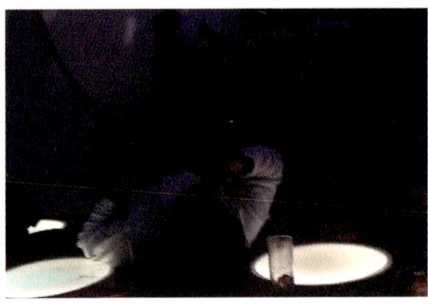

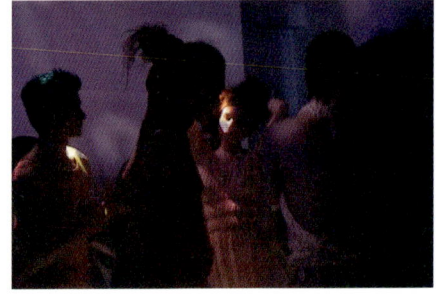

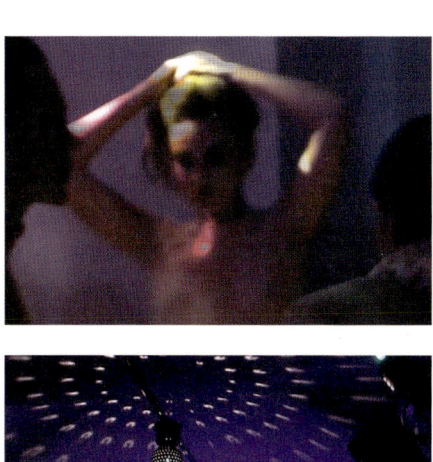
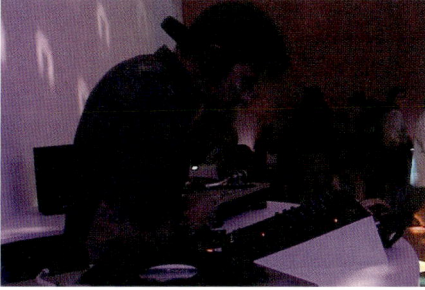
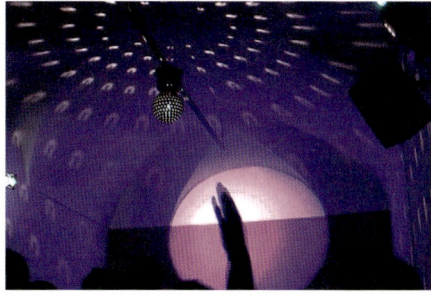
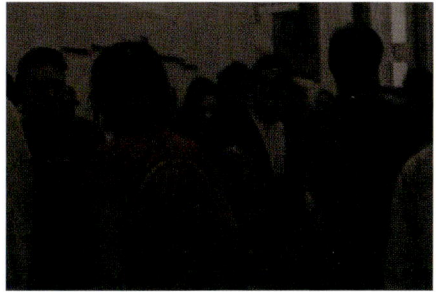
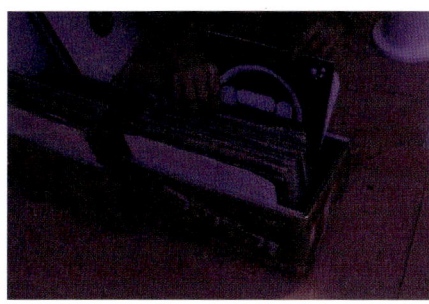
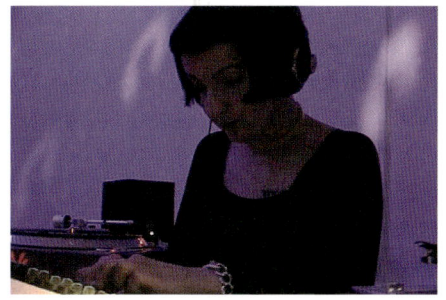

Dance & Disco, 2000-2019. Vídeo documental de la instal·lació.
Duració: 75' 30". Cortesia de l'artista

Dance & Disco, 2000-2019. Vídeo documental de la instalación.
Duración: 75' 30". Cortesía de la artista

Dance & Disco, 2000-2019. Documentary video of the installation.
Duration: 75' 30". Courtesy of the artist

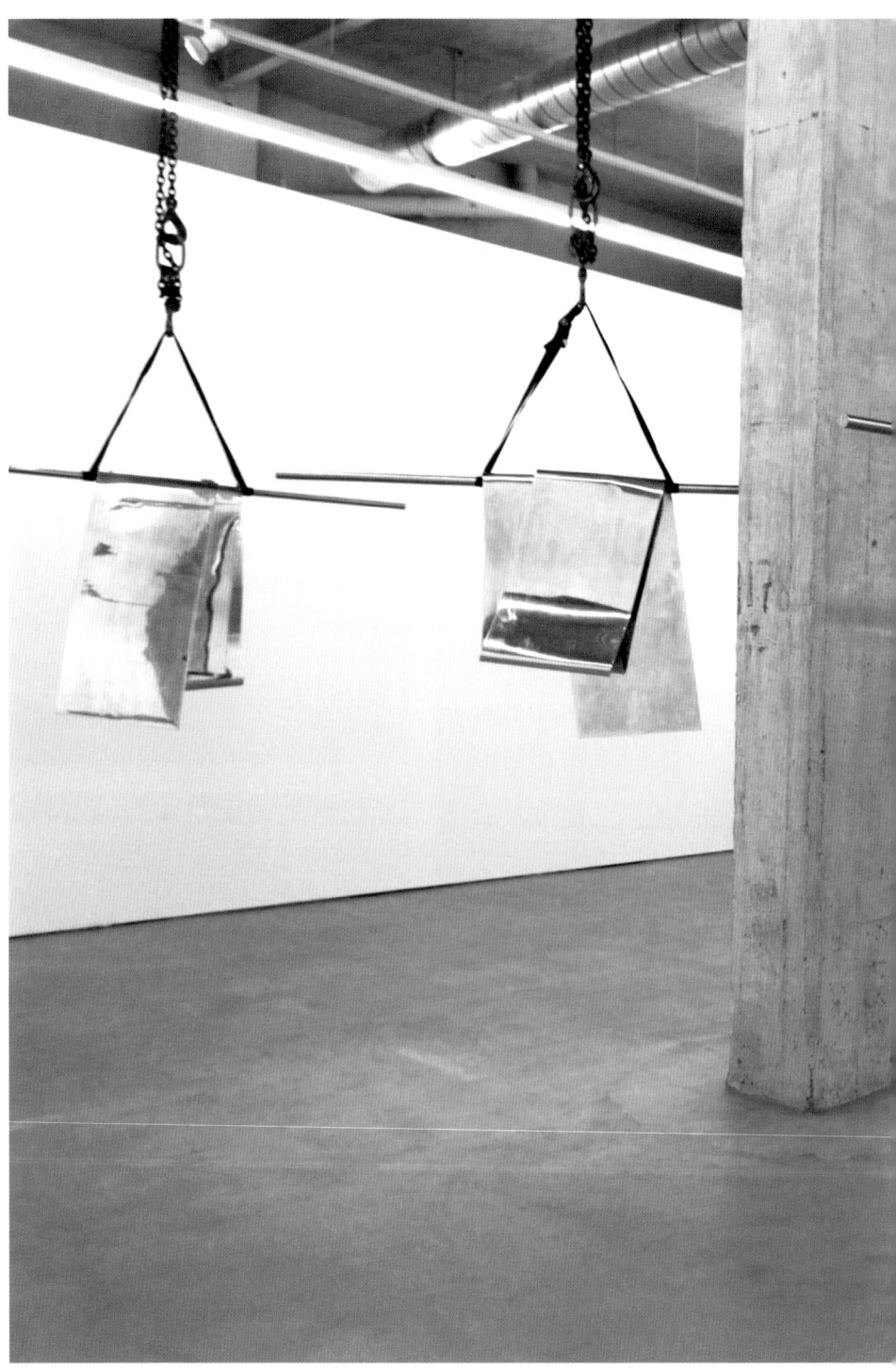

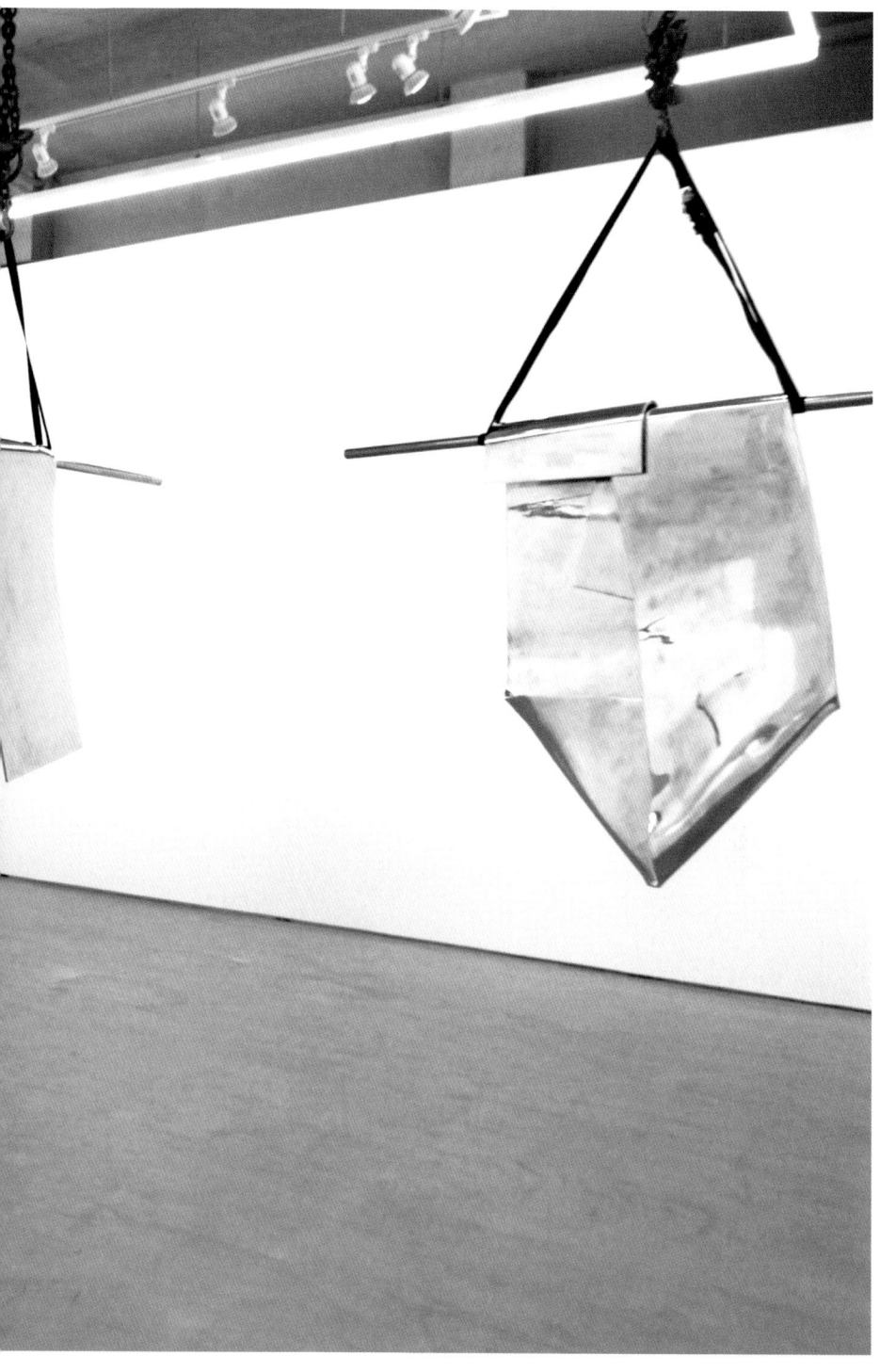

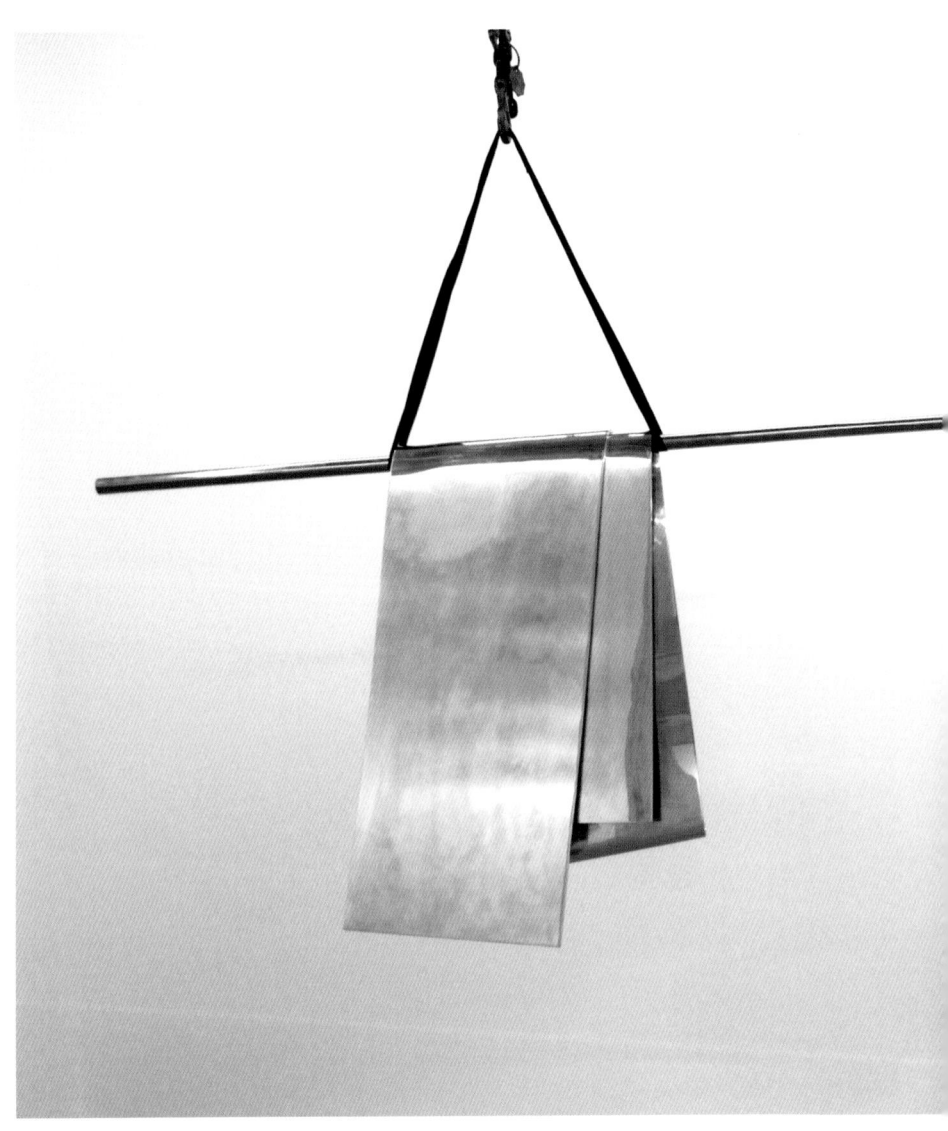

Pàgines anteriors / Páginas anteriores / Previous pages:

Trayectoria (Like gold and faceted) [Trajectòria (Like gold and faceted)], 2014. Alumini, barres, cingles, mides variables. Cortesia de l'artista

Trayectoria (Like gold and faceted), 2014. Aluminio, barras, cinchas, medidas variables. Cortesía de la artista

Trayectoria (Like gold and faceted) [Path (Like gold and faceted)], 2014. Aluminium, bars, straps, variable dimensions. Courtesy of the artist

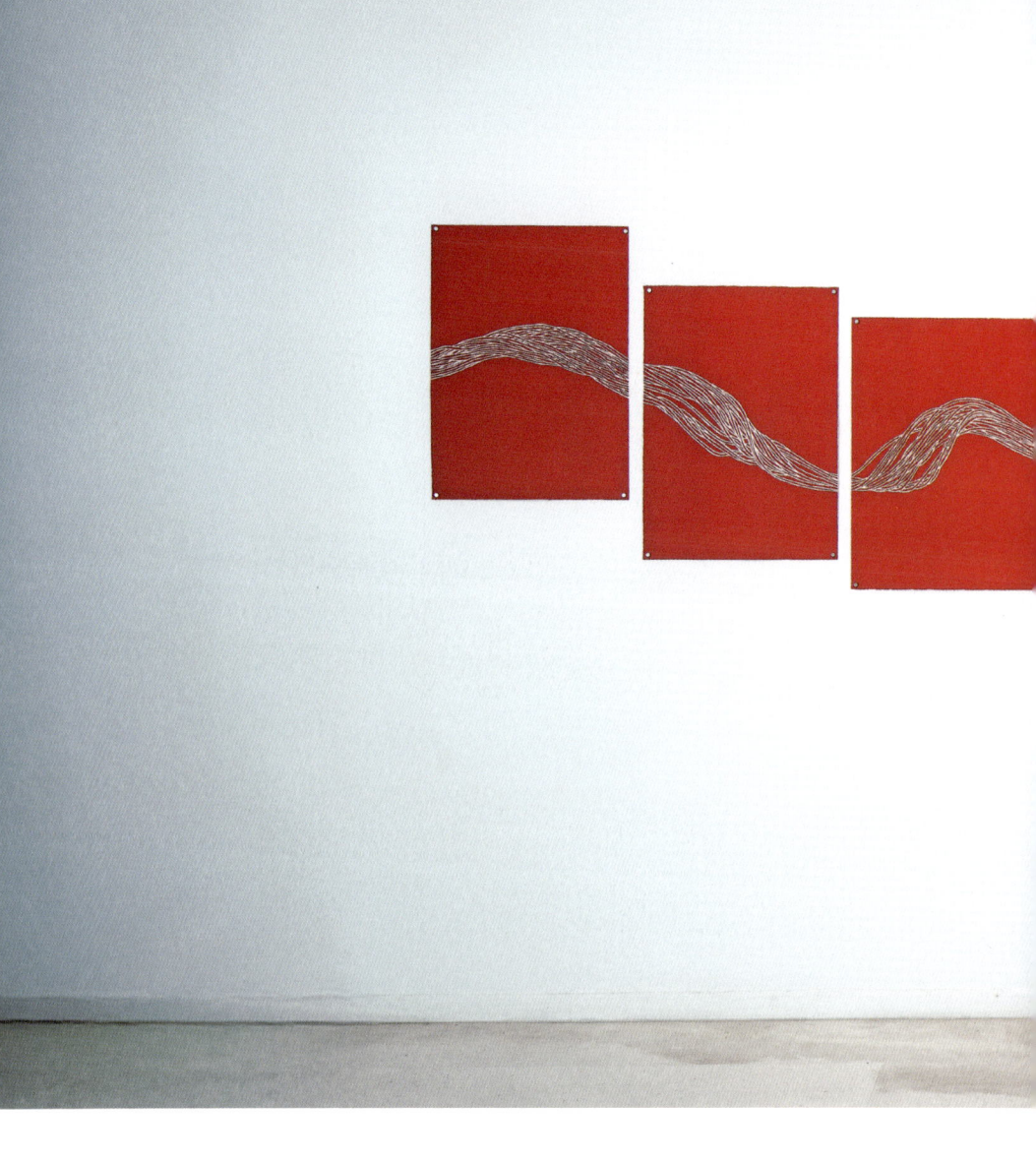

Lazos de sangre [Llaços de sang], 2014. Xilografia en paper Hahnemühle de 350 g, set unitats de 81,5 x 58,5 cm c/u. Cortesia de l'artista

Lazos de sangre, 2014. Xilografía en papel Hahnemühle de 350 g, siete unidades de 81,5 x 58,5 cm c/u. Cortesía de la artista

Lazos de sangre [Blood Ties], 2014. Xylography on 350 g. Hahnemühle paper, seven pieces of 81,5 cm x 58,5 cm each. Courtesy of the artist

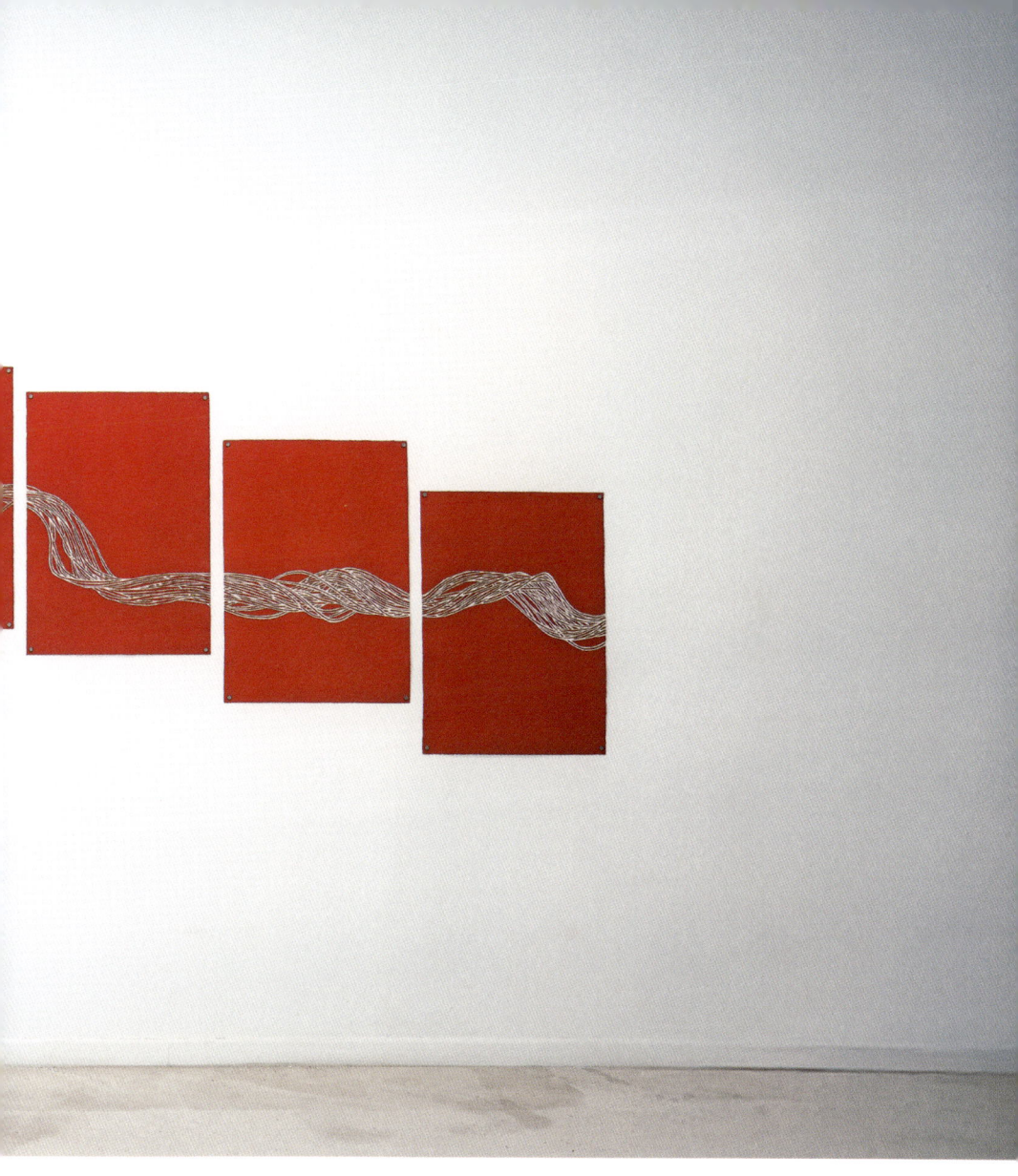

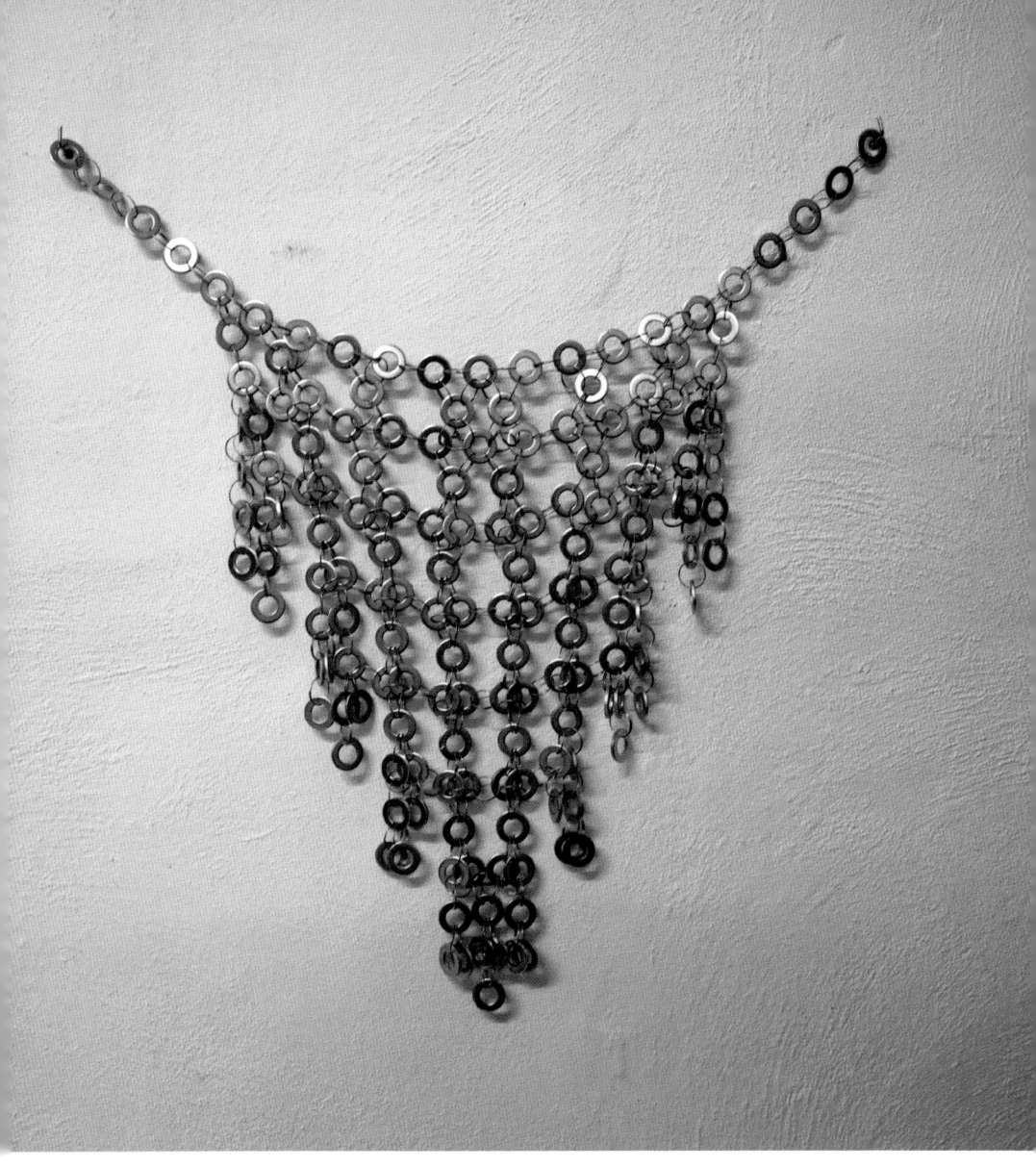

No hables con extraños [No parlis amb estranys], 1991.
Volanderes de ferro galvanizat, 90 x 100 x 2 cm.
Cortesia de l'artista

No hables con extraños, 1991. Arandelas de hierro galvanizado,
90 x 100 x 2 cm. Cortesía de la artista

No hables con extraños [Don't Talk to Strangers], 1991.
Galvanised iron washers, 90 x 100 x 2 cm. Courtesy of the artist

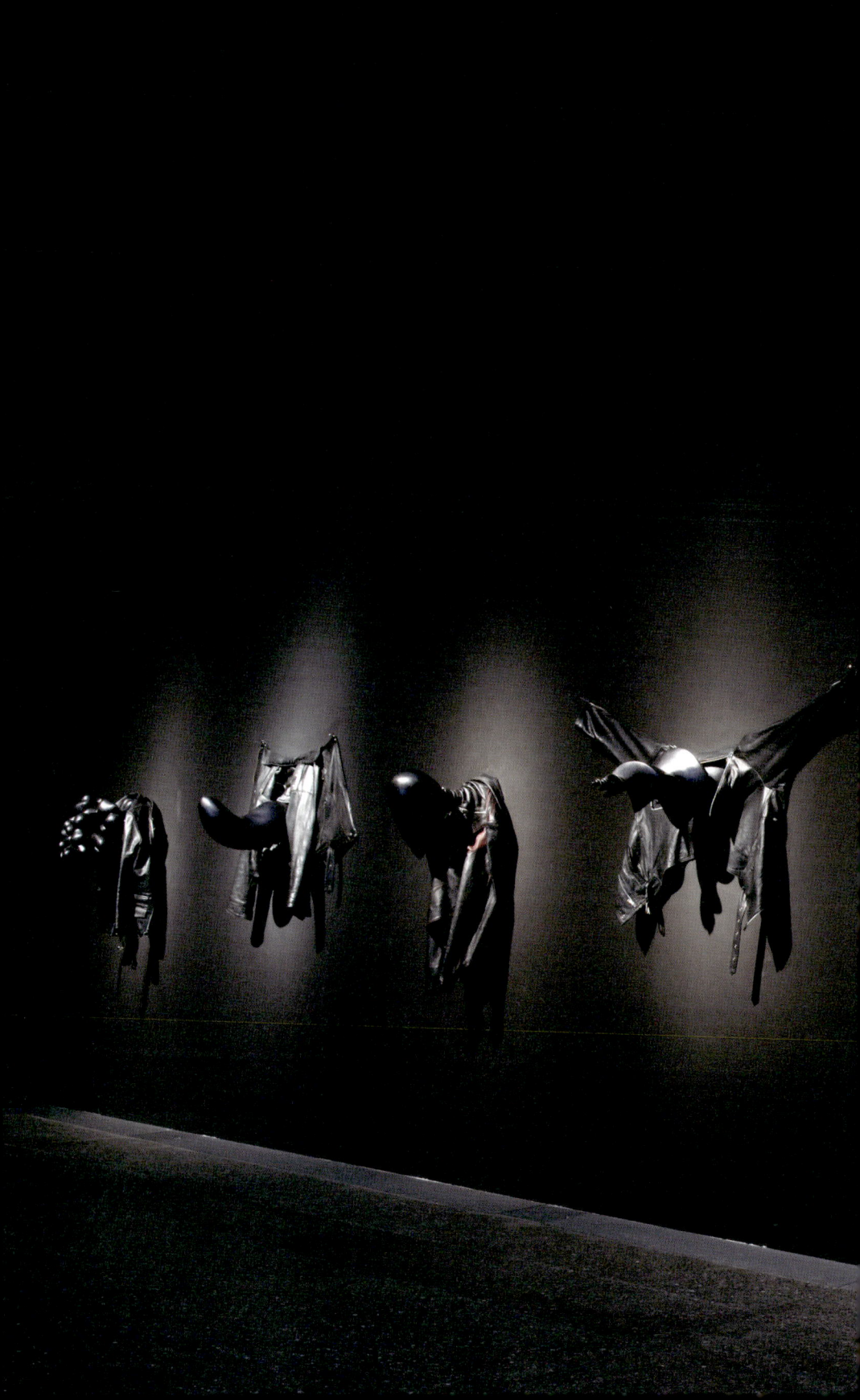

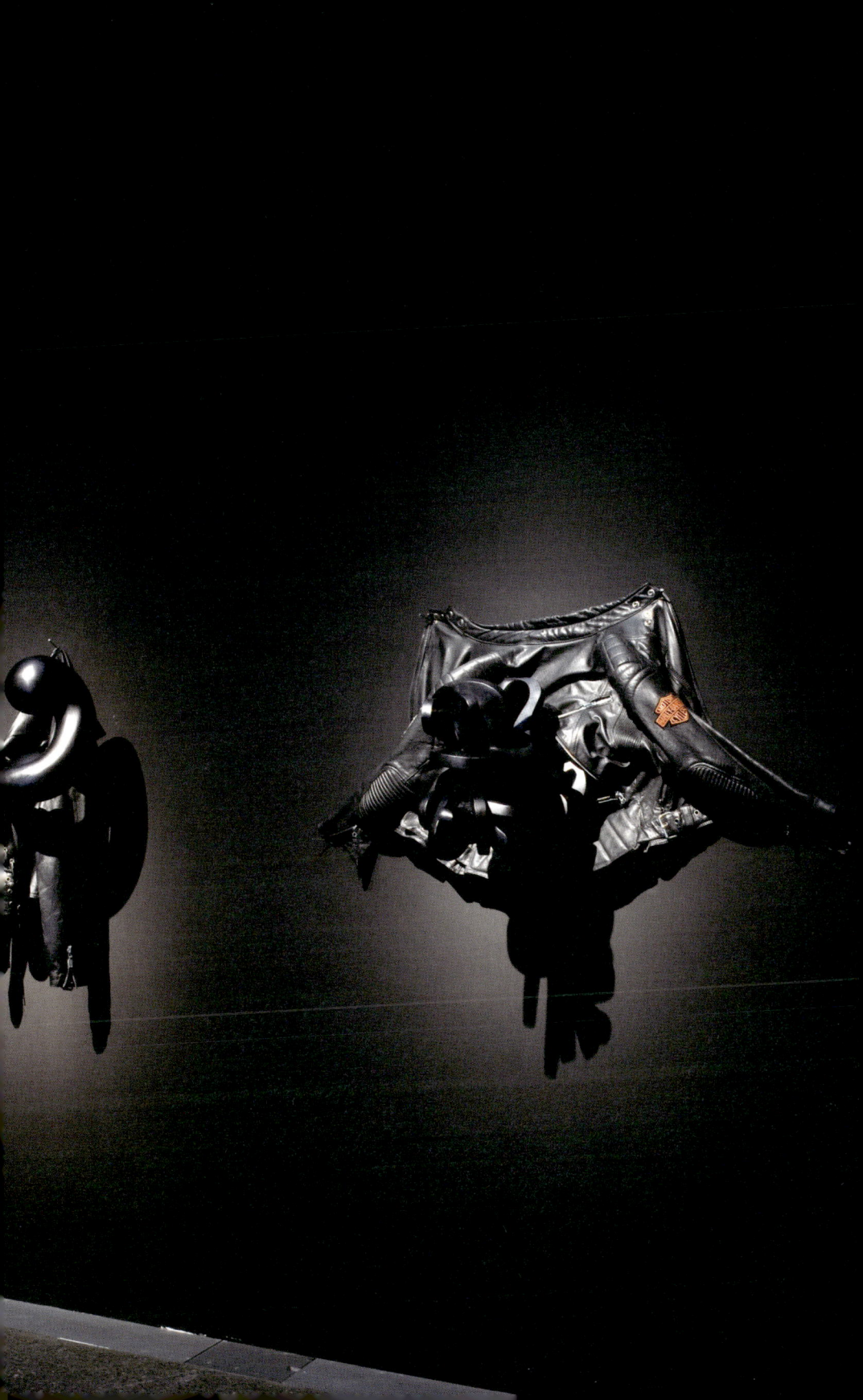

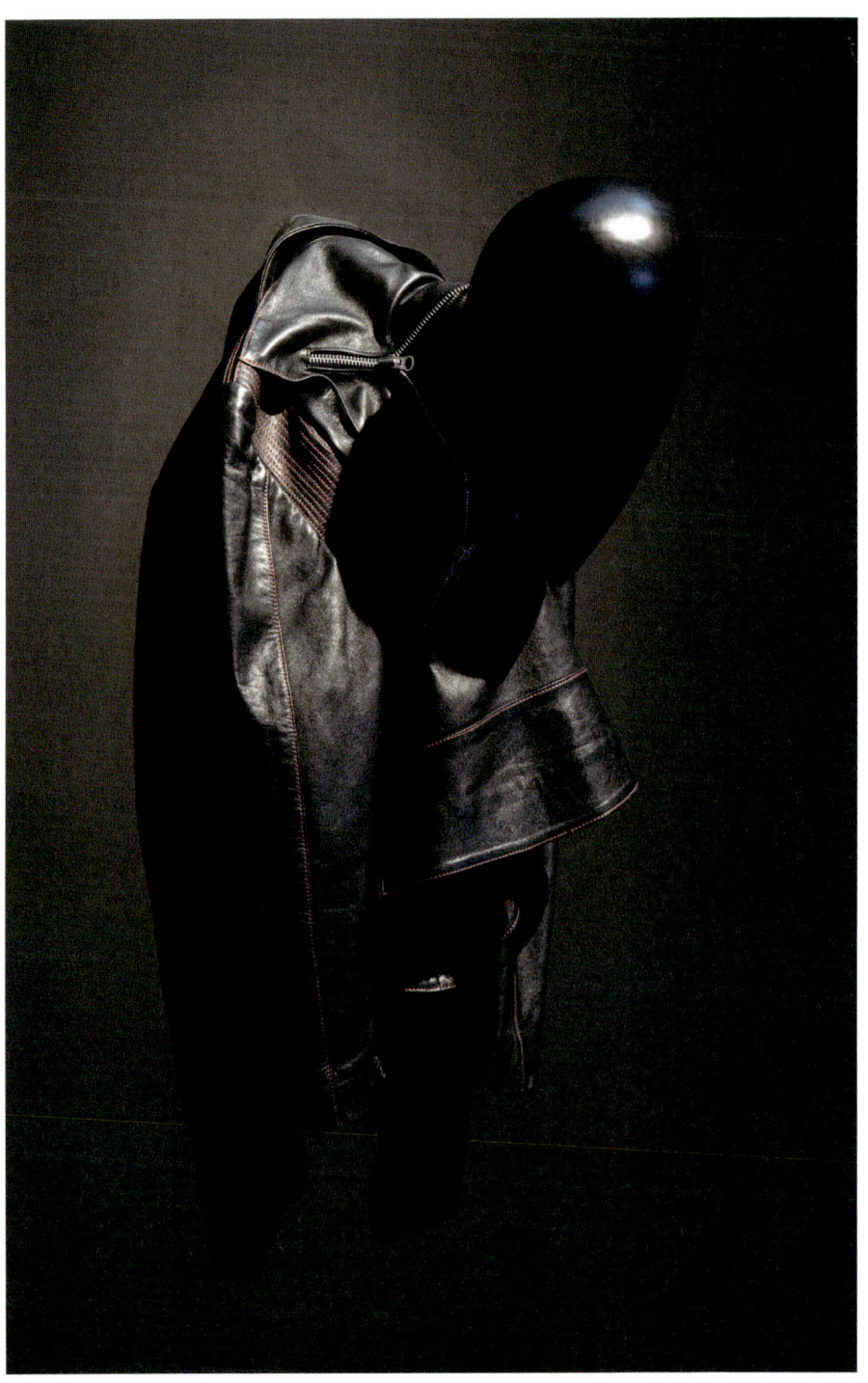

Pàgines anteriors / Páginas anteriores / Previous pages:

Cabeza-Espiral-Agujero-Puño-Esperma-Nudo [Cap-Espiral-
Forat-Puny-Esperma-Nus], 2008. Bronze i jaquetes de cuir,
mides variables. Col·lecció Museo de Bellas Artes de Bilbao

Cabeza-Espiral-Agujero-Puño-Esperma-Nudo, 2008.
Bronce y chaquetas de cuero, medidas variables.
Colección Museo de Bellas Artes de Bilbao

Cabeza-Espiral-Agujero-Puño-Esperma-Nudo [Head-Spiral-
Hole-Fist-Sperm-Knot], 2008. Bronze and leather jackets,
variable dimensions. Museo de Bellas Artes de Bilbao Collection

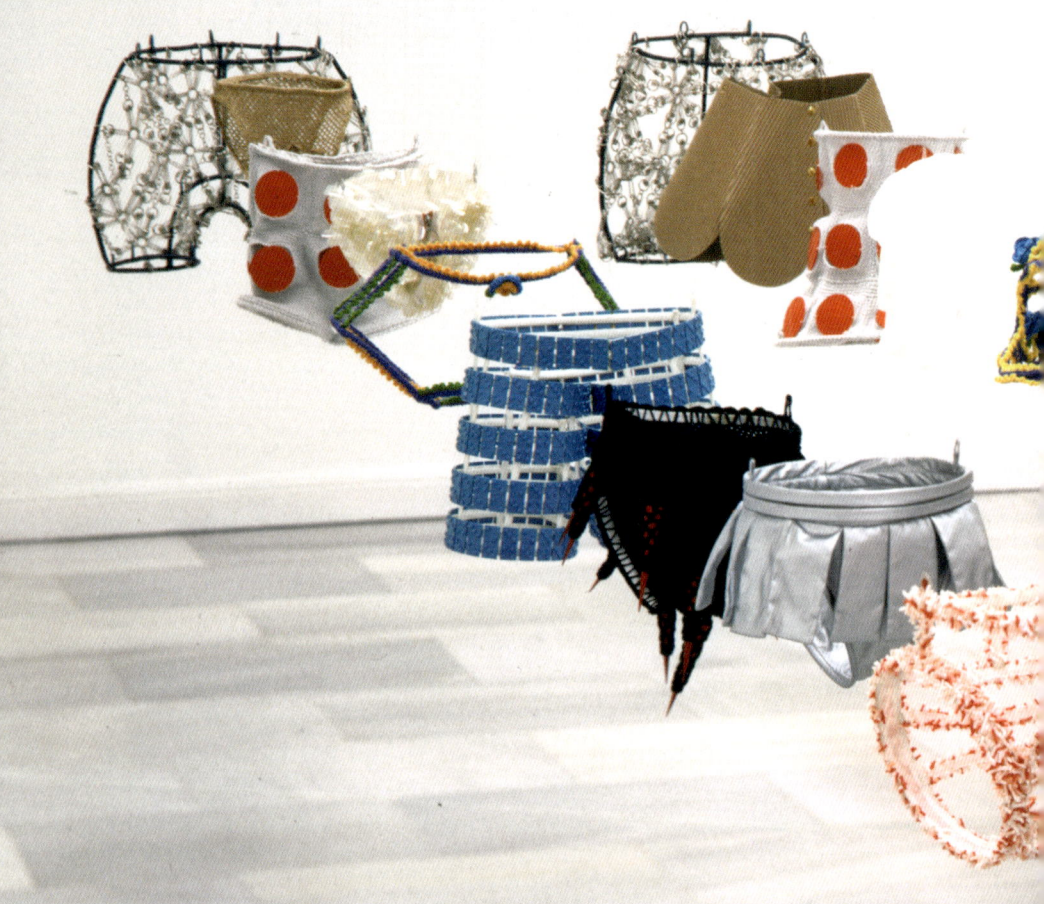

Tigras y felinas [Tigresses i felines], 1994. Instal·lació. Tèxtil i estructures de metall, mides aproximades d'ocupació espacial: 750 x 200 cm.
Museo Nacional Centro de Arte Reina Sofía

Tigras y felinas, 1994. Instalación. Textil y estructuras de metal, medidas aproximadas de ocupación espacial: 750 x 200 cm.
Museo Nacional Centro de Arte Reina Sofía

Tigras y felinas [She-tigers and she-felines], 1994. Installation. Fabric and metal structures, approximate installation dimensions: 750 x 200 cm.
Museo Nacional Centro de Arte Reina Sofía

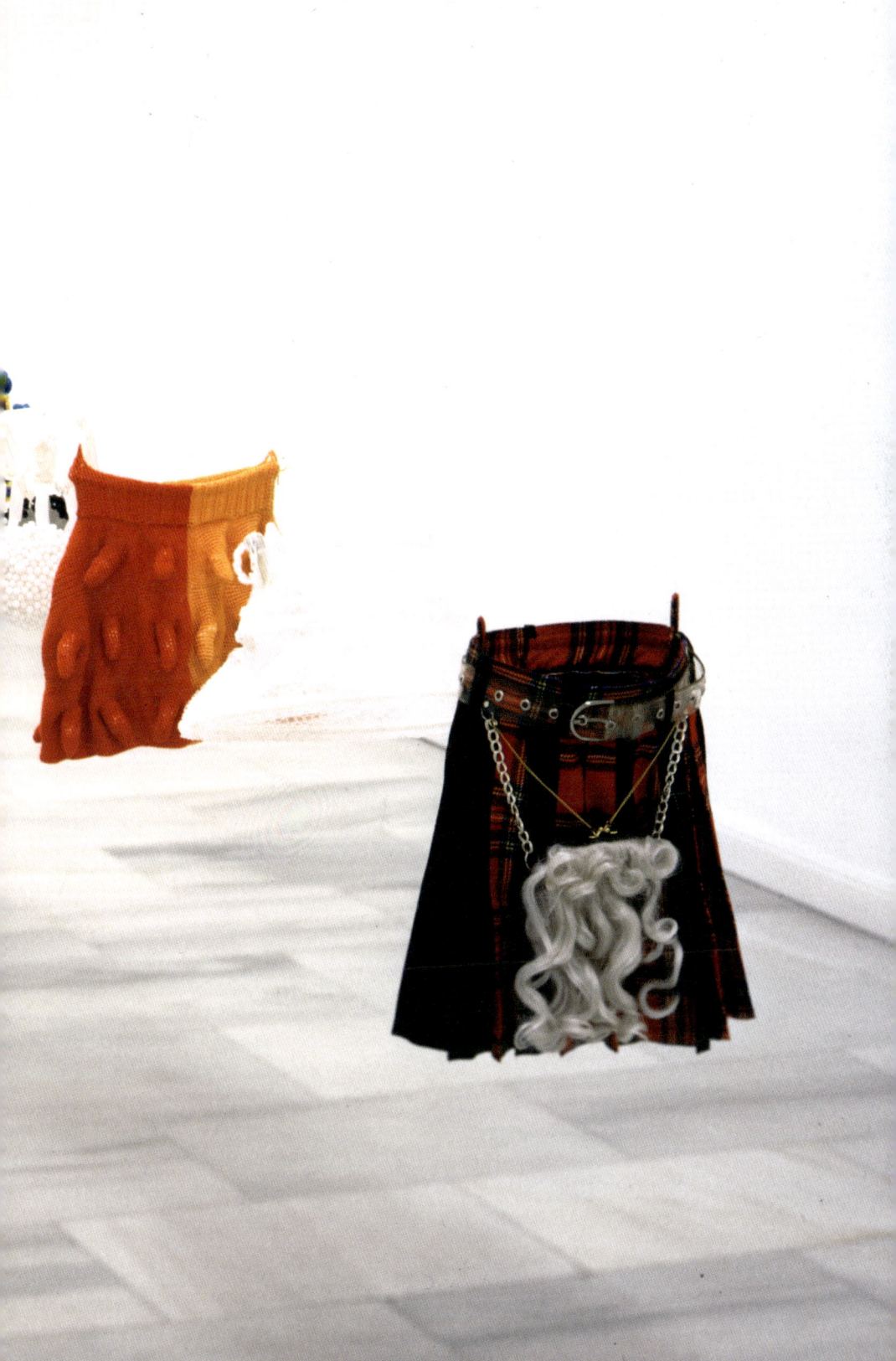

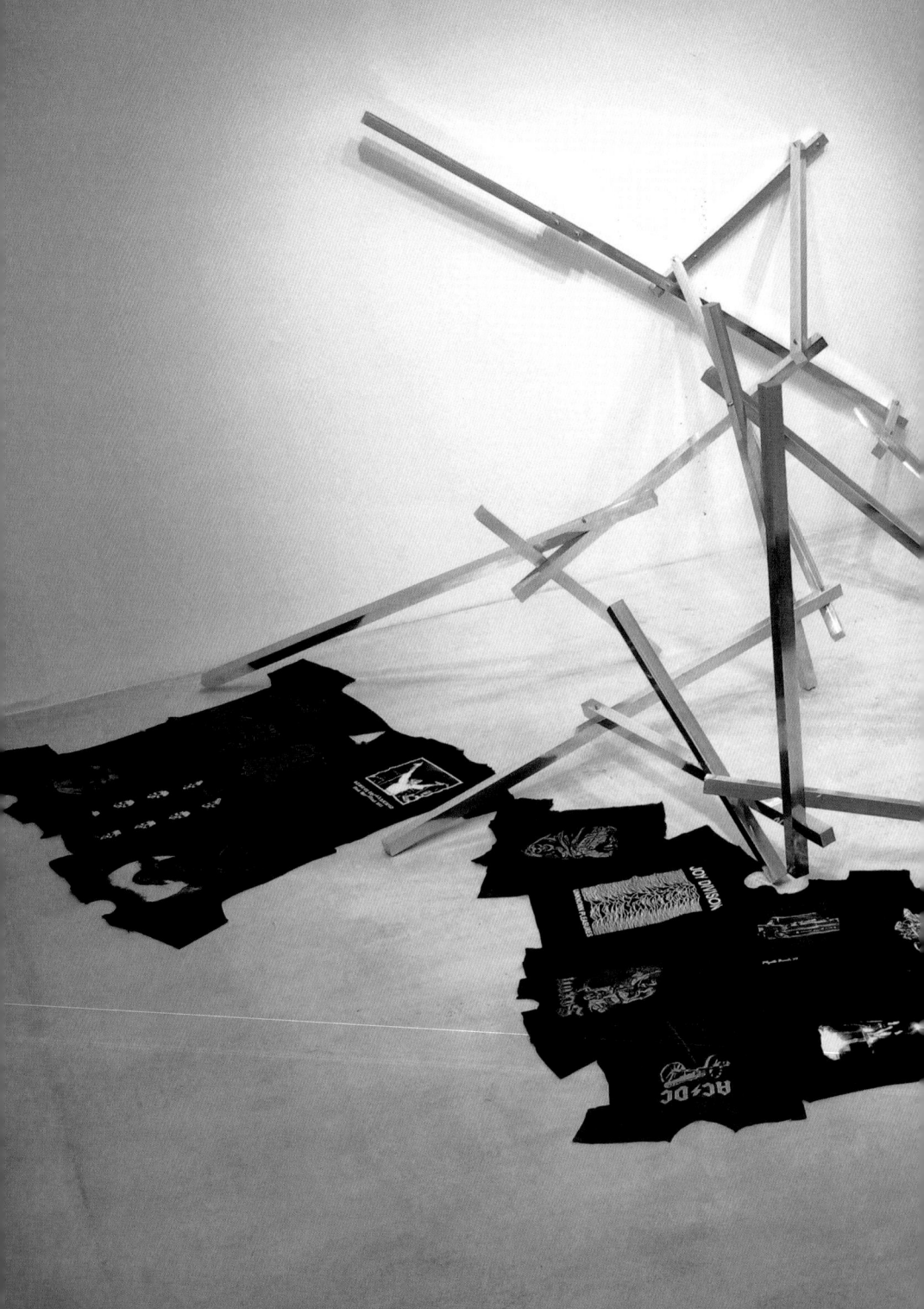

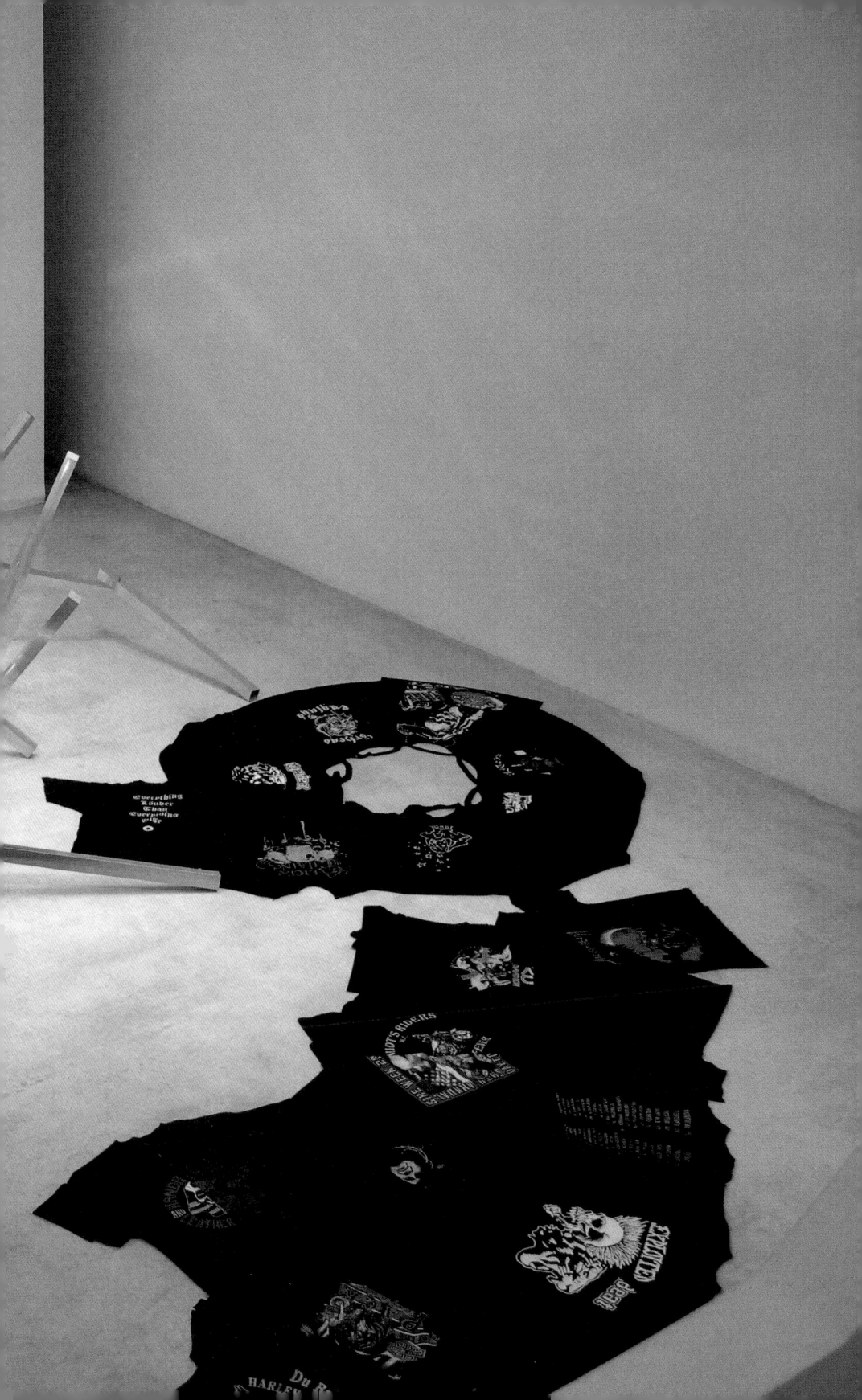

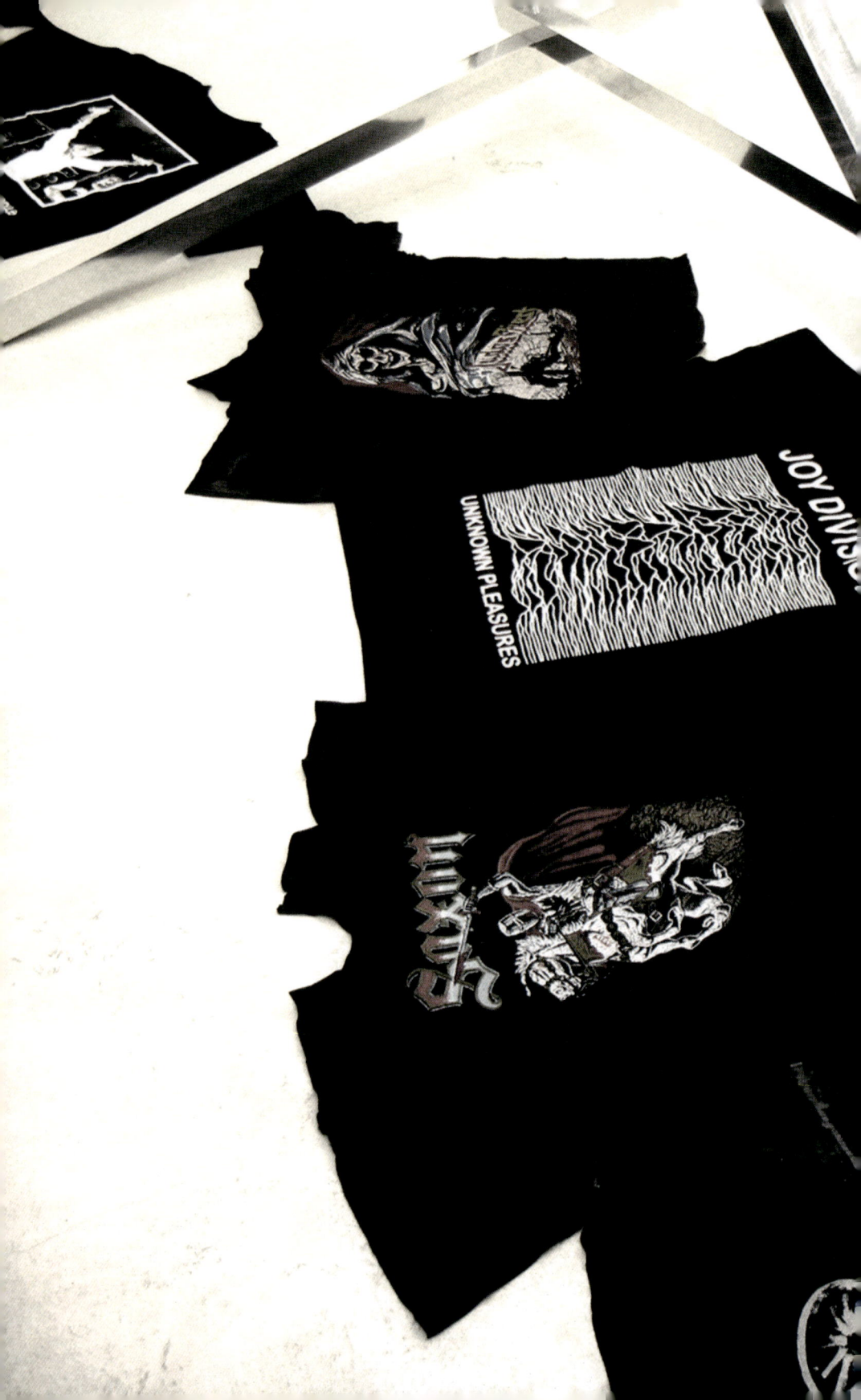

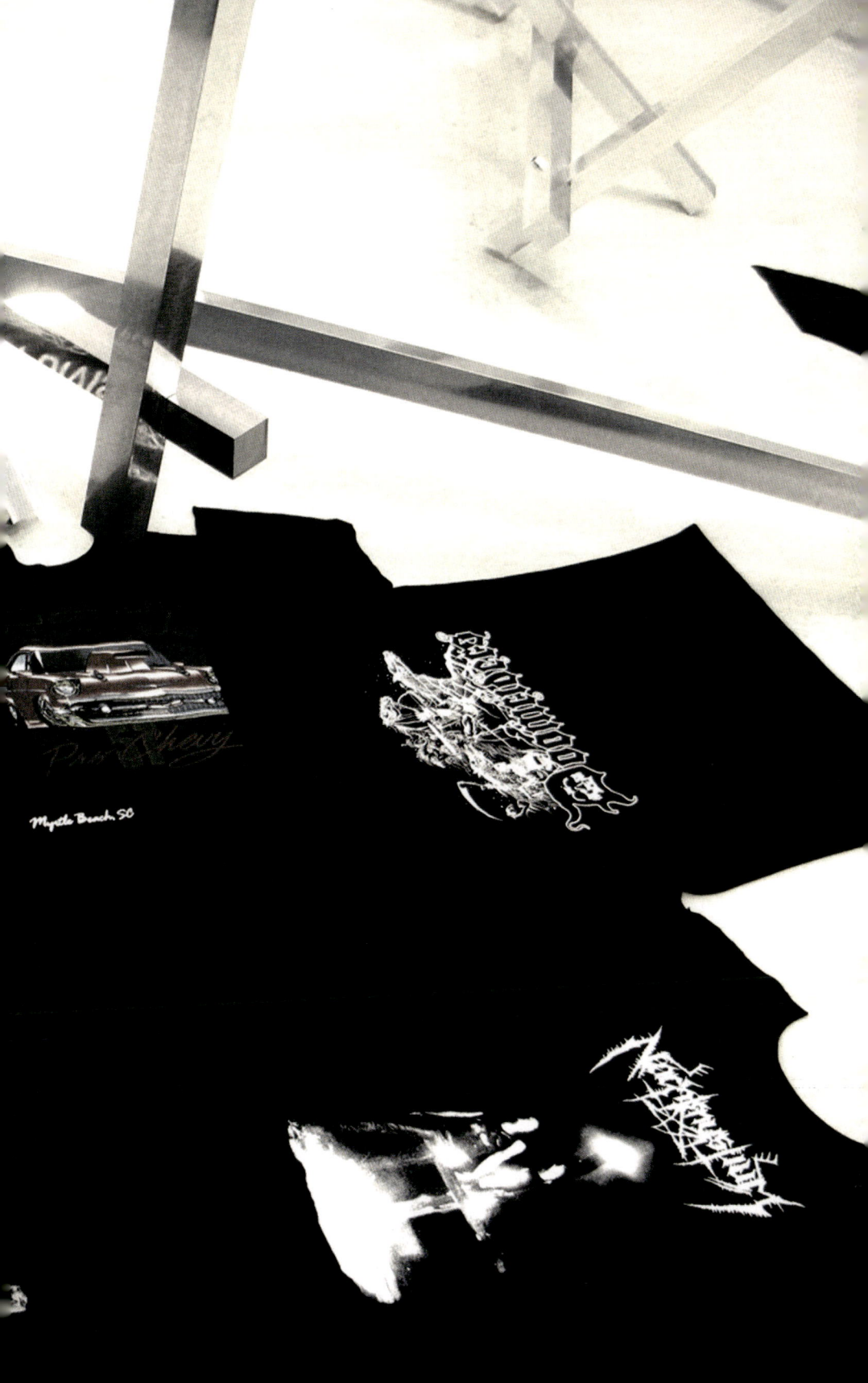

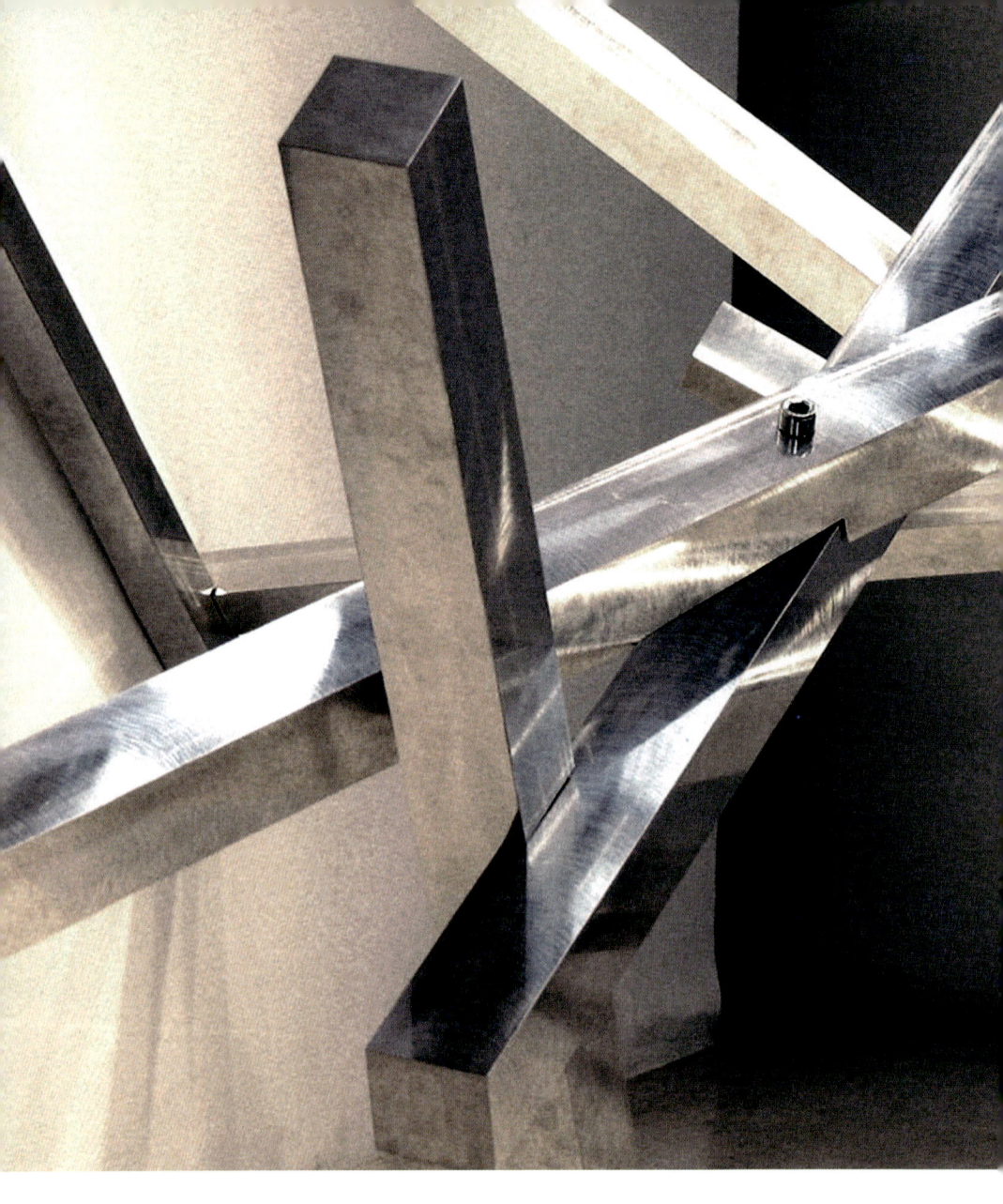

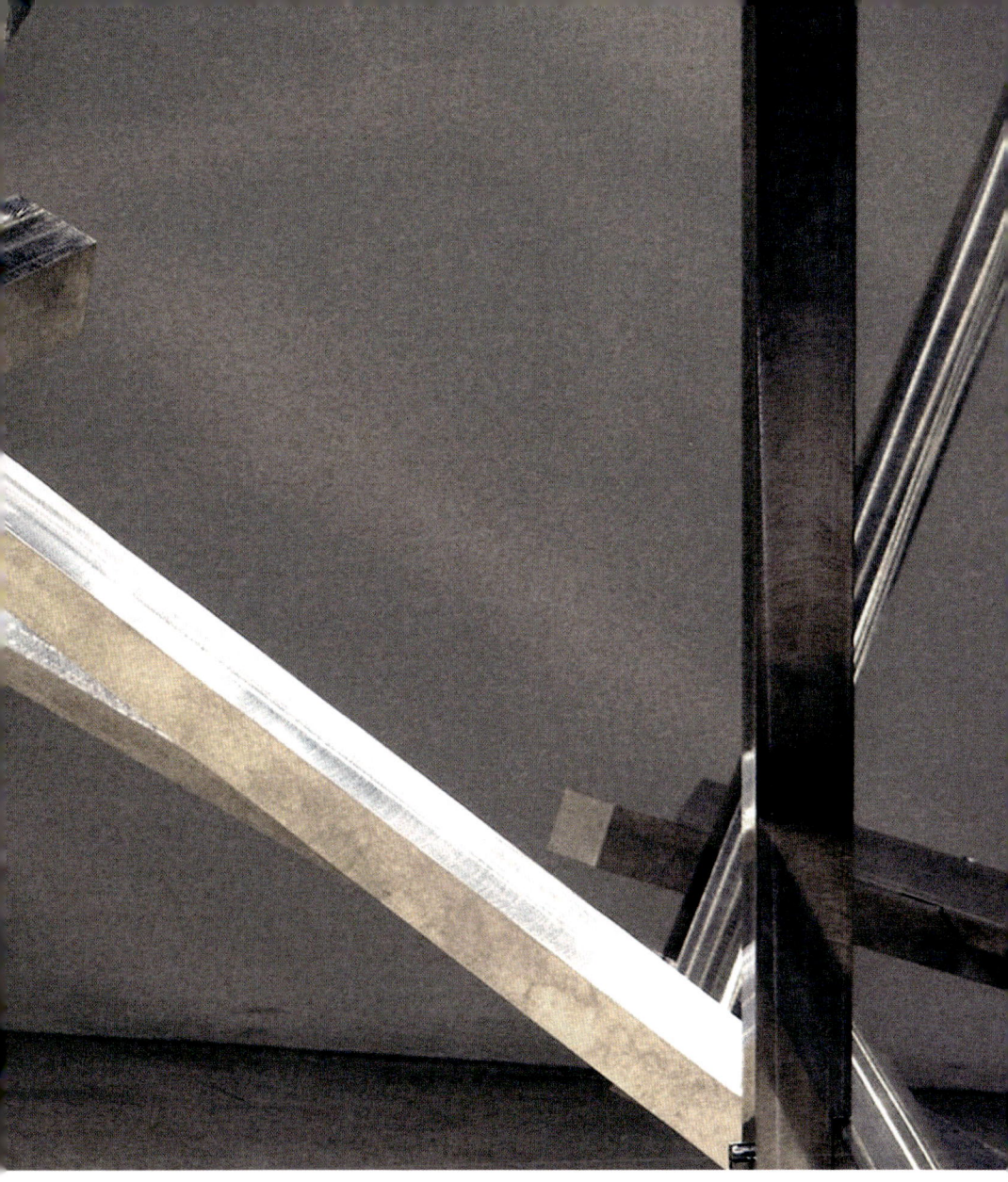

Pàgines anteriors / Páginas anteriores / Previous pages:

Todos los conciertos, todas las noches, todo vacío [Tots els concerts, totes les nits, tot buit], 2009. Alumini i samarretes, mides variables. Cortesia de l'artista

Todos los conciertos, todas las noches, todo vacío, 2009. Aluminio y camisetas, medidas variables. Cortesía de la artista

Todos los conciertos, todas las noches, todo vacío [All the concerts, all the nights, all empty], 2009. Aluminium and T-shirts, variable dimensions. Courtesy of the artist

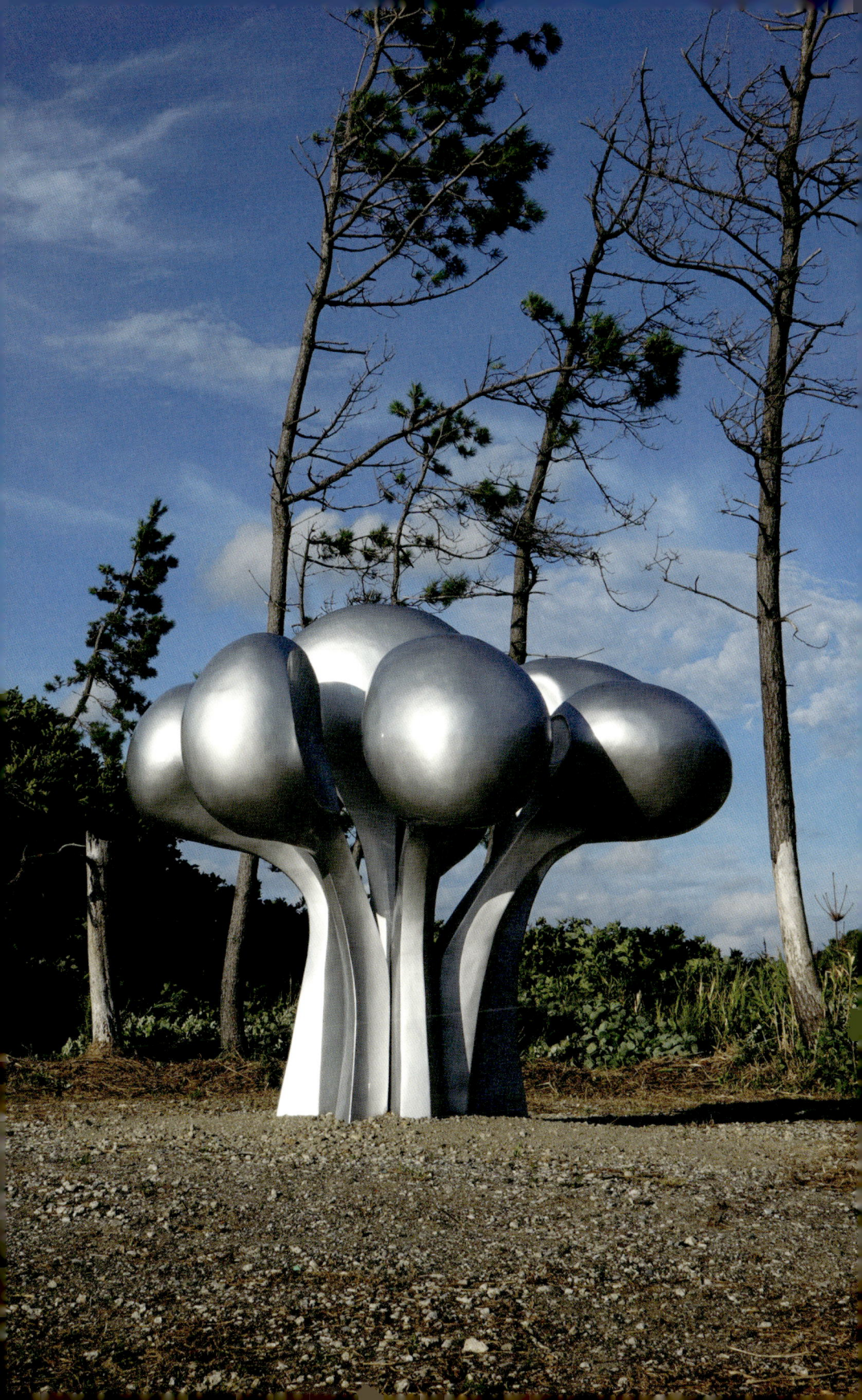

ANA LAURA ALÁEZ Y AGUSTÍN FERNÁNDEZ MALLO, UNA CONVERSACIÓN.

Ana Laura Aláez, Agustín Fernández Mallo

Agustín Fernández Mallo: Es un gusto, Ana Laura, esta oportunidad que me brinda el museo Es Baluard de poder mantener esta conversación contigo. Hace años que tu obra no solo me parece de sumo interés, y desde luego una de las más sólidas de nuestras artes, sino que, salvando todas las distancias entre el arte y la literatura, en ocasiones me parece detectar líneas de fuerza y procesos muy parecidos entre tu obra plástica y mi literatura.

Ana Laura Aláez: Estoy muy de acuerdo con esas líneas de fuerza que mencionas que compartimos. Quizás por eso fuiste una de las personas con las que mejor me podía comunicar nada más llegar a Mallorca, en el 2010. ¿Sabes?, me acordé de alguna conversación cuando en *Madre de corazón atómico* mencionas que antes los objetos eran metafísicos, que se manufacturaban y vendían con un ser dentro, que un alma los acompañaba hasta su total extinción. Claro está, habría que preguntarse a qué llamamos alma. A lo largo de mi experiencia, en particular con la escultura, he notado que es el cuerpo lo que reacciona primero ante «la cosa», ante ese ente que no está sobre la superficie pero tiembla, porque percibe algo que va antes que la emoción. Luego la mente se pone rápidamente a funcionar, pero ese golpe que va directo al estómago, al corazón o, si lo prefieres, a un órgano imaginario, es –al menos para mí– lo que cuenta. Después, puedes añadir maquillaje teórico, pero el primer impacto nos indica si lo que tenemos ante nosotros goza o carece de alma.

AFM: Así lo percibo yo también. En mi caso, no es que le dé prioridad a la teoría sobre la experiencia, ni viceversa, sino que, tal como yo lo veo, el ser humano se halla atravesado por una grieta, por algo que le falta, y ese abismo, estrecho pero infinito, es el espacio que separa los productos teóricos (imaginación, ideas, objetos mentales) de las experiencias. Esa separación es el tejido mismo de la realidad. Mi idea es que nunca lo que pensamos (teorizamos) podemos llevarlo exactamente a la experiencia, siempre se pierde algo por el camino; y viceversa, a todo aquello que experimentamos en nuestra carne nunca podemos encontrarle una teoría que lo explique satisfactoriamente. En esa imposibilidad, en esa inadecuación entre la teoría y la experiencia, en ese intento por llenar esa grieta que existe entre ambas, es donde encuadro el deseo creativo del ser humano, e incluyo ahí también a las ciencias. Por ejemplo, en tu última exposición en Es Baluard Museu, «Soy Palacio/Soy Establo», comisariada por Frederic Montornés, observo algo que llevas teorizando y elaborando desde hace muchos años en tu trabajo, pero con otros materiales: en vez de cuero, cadenas u objetos asociados a la cultura *underground,* has utilizado cuerdas de esparto y sombras, maromas y materiales de oficios ancestrales. Y eso, en general, está en consonancia con lo que alguna vez he llamado *nomadismo estético,* del cual yo también participo. Me explico: la impresión que me da al ver tu obra en conjunto, como una trayectoria de por lo menos treinta y cinco años, es que es el resultado de un tránsito sin raíz fija. Tanto tus intereses como tus formalizaciones son muy plásticas, versátiles, lúdicas, ricas en sutilezas alegóricas y en intersecciones de muchas capas semánticas.

ALA: Ese nomadismo estético al que te refieres corresponde también a un vagabundeo existencial. Perpetuar cualquier ideología de origen o de pertenencia a un lugar nunca ha sido una prioridad en mi caso. Cuando acecha un peligro no hay tiempo para grandes pancartas, solamente te concentras en la acción: comienzas a defenderte, caes, te levantas y vuelta a empezar. Desde niña ya intentaba descifrar cualquier hecho salpicado por una desigualdad de género. Trashumancia es también disolverse en una identidad líquida, en perpetua mutación, con localizaciones imaginarias. De fondo late un anhelo por encontrar un refugio en donde se te permita ser. Cuando en 1997 realicé *She Astronauts,* mi primera instalación, estaba muy fresco todo esto. Ahí comencé a experimentar otras posibles formas de trabajar gracias a los beneficios de sentirme autónoma.

AFM: Sí, y ese instinto nómada, sin demasiadas estructuras previamente fijadas y rico en estructuras complejas, vivas, porosas como organismos, inevitablemente desemboca en tres cosas que me parecen importantes en tu trabajo, 1) tus disposiciones instalativas parecen ser conducidas por un verdadero instinto conceptual que busca y husmea en el tejido mismo de la realidad, en la grieta y abismo al que antes me he referido, 2) tu ausencia de prejuicios estéticos a la hora de escoger los materiales que sirvan a tus propósitos, vengan estos materiales de donde vengan, incluso muchas veces reconceptualizando los que, por circunstancias y momentos determinados de la vida, sencillamente tienes a mano, y 3) como consecuencia de todo ello se genera una obra que siempre habla de una contemporaneidad, de lo que está pasando «ahí afuera», una obra que sin renunciar al inconfundible «aura Ana Laura Aláez», lee y reinterpreta nuestro hábitat común. Siempre tienes una historia que contarnos, en cada exposición tienes algo que decirnos, algo que nos atañe, no es una mera formalización de materiales.

ALA: Remueve que digas esto. Está claro que todos nos cuestionamos lo mismo, empezando por «qué hacemos aquí», pero desde perspectivas diferentes. Te comentaba que cuando comencé con mi práctica artística no esperaba ni de lejos ningún tipo de reconocimiento. En mi contexto parecía que el arte no estaba destinado para alguien perteneciente a la clase obrera, y mucho menos si eras una mujer. Esa especie de prohibición supuso desear un camino sin funcionalidad aparente: era la puerta cerrada del castillo en donde acechas escondida hasta que el monstruo hombre caiga dormido para sustraer la llave. El trabajar independientemente a una demanda externa es algo que me esmero en cuidar. En este sentido, me acuerdo de *Kalostra*, un proyecto experimental pedagógico impartido por y para artistas, cuando el primer día les dije a los participantes que pensáramos que aquella era nuestra última oportunidad de hacer algo. Me gusta que se filtre en la obra toda esa actitud vital en liza con nuestra bestia interior. Con esa fuerza animal que se devora a sí misma.

AFM: A eso puedo decir que, en efecto, la poesía siempre trabaja contra algo, no se trata de una lucha explícita, concreta, ni mucho menos una práctica ideologizada que lo único que busca es adeptos y súbditos acríticos, sino crear una poética y una experiencia de mundo. Hay gente que cree que el mundo está ahí afuera, ya creado y listo para ser descubierto, pero no es así, el mundo se crea a cada instante con un lenguaje, y el lenguaje está en nosotros, hemos de inventarlo nosotros. Cuando hablas de tus inicios y de las prohibiciones estéticas y morales del contexto me hace gracia, porque me recuerda a cuando comencé en la literatura, que se suponía que un poema nunca podía hablar de ciencia, ni de temas tecnológicos, ni mucho menos de cuestiones relacionadas con la publicidad o el consumo de masas, y me recuerdo haciendo un poema sobre los códigos de barras, esos bellísimos objetos, propios de una metafísica contemporánea, y los círculos clásicos literarios decirme que eso no se podía hacer, que en poesía era tabú hablar de esas cosas. Ni caso. Todo lo que hace el ser humano es susceptible de ser poetizado, desde un tornillo hasta la teoría genética o una monda de naranja. El tiempo, Ana Laura, nos ha dado la razón. Por algo nos encontramos con artistas y escritores muy jóvenes que nos dicen que nos tienen como referencia. Concretamente, en tu caso, artistas en ciernes y estudiantes de arte redescubrieron tu obra y trayectoria a partir de tu exposición en el CA2M, comisariada por Bea Espejo. Como anécdota: en la última documenta de Kassel, a la que fui, había un par de instalaciones que metían la fiesta y la cultura disco en el espacio instalativo, y entonces recordé que tu fuiste la primera persona de nuestro panorama artístico en meter una discoteca en un museo, en el año 2000, y ni más ni menos que en el Reina Sofía, bajo el título *Dance & Disco*. Creo que eso dice mucho de tu vanguardia.

ALA: Son las nuevas generaciones quienes reconocen esa instalación. *Dance & Disco* tuvo unas consecuencias de crítica muy negativa volcada sobre mi persona. Menos mal que, desde el primer momento, me obligué a no sucumbir, porque si no, te quedas sin voz… surge la fealdad en tu mirada y en tu propia carne. Pero hay tremendos epítomes de estigma femenino, por ejemplo Sinéad O´Connor. Mis mejores compañeros de viaje siempre han sido personas que han bajado al infierno y han vuelto.

AFM: Mira, precisamente, hace bastantes años comentamos que lo que nunca puede hacer un artista es pedir perdón. El trabajo se hace, y punto. Uno se arriesga y, eso sí, lógicamente, se atiene a las críticas y las posibles consecuencias. Pero nada hay más humillante que un artista pidiendo perdón por su trabajo o justificándolo demasiado ante la presión de una nueva religión llamada *opinión pública*.

ALA: Totalmente. El arte no es democrático. Tú mismo dices que cuando tienes esa sensación de espiar demasiado tu propia vida necesitas, me imagino que más que por una sensación de decoro, por no traspasar un límite autorreferencial, apartar la vista. Como si al pararse demasiado notaras que fuera a brotar un sentimentalismo indeseado y porque, también, no deseas apegarte al orden de los hechos.

AFM: Es cierto, en cada libro en particular, y también en general. Si uno mismo mira su trayectoria se da cuenta de la continuidad que hay entre las obras. Mis libros, así como mis puntuales incursiones en la música, el arte o el *spoken word*, las concibo como un *continuum*, una sola obra que intenta confeccionar una particular poética de mi entorno físico y virtual, por eso a veces vuelvo sobre los mismos temas, pero en otros contextos, y por lo tanto esos temas ya son otros. Es una especie de «autoapropiacionismo». Como sabes, en mi libro de ensayo *Teoría general de la basura* abordo los temas del apropiacionismo en el arte, la ciencia y en la sociedad de consumo, es una suerte de teoría antropológica que elaboro, y precisamente en ese marco encuadro algunas prácticas tuyas. Por ejemplo, hace pocos meses, en una exposición en la Galería Pelaires, vi una pieza tuya. Se trataba de unas mondas de naranja hechas con la técnica del zurcido y con alambres, que entiendo como metáfora del pelado de un cuerpo, idea que ya en sí es genésica y emocionante, pero me impresionó que estuviera fechada entre 1995 y 2024, es decir, una obra que ya estaba hecha y que luego se ha ido reelaborando, mutando, y que, obviamente, en los diferentes contextos espaciales y temporales ha ido cobrando nuevas semánticas, ese «autoapropiacionismo» que genera riqueza y reflexión real respecto a, por ejemplo, la pregunta de qué es un cuerpo vivo, ya que, al fin y al cabo, todo cuerpo es eso, una mutación constante, carece de una piel única y dada para siempre.

ALA: Esos saltos en el tiempo van subrayando o deformando ciertos asuntos que no estaban del todo visibles en su momento. Se va estableciendo una especie de relación epistolar con el trabajo de los demás que te obliga a reactualizar el tuyo propio. Recuerdo cuando el Museo de Bellas Artes de Bilbao me propuso que una de mis esculturas se expusiera con una de las versiones de *Lucrecia* de Cranach el Viejo. Aquella circunstancia tan especial me hizo pensar que los dos trabajos tenían algo en común. Me refiero a un grado distinto de representación de violencia. En el caso de *Lucrecia* se trata de expresar, nada más y nada menos, un suicidio. Un acto sin retorno contra sí misma, por reconocer su incapacidad de poder convivir con los oscuros efectos colaterales de por vida de una violación. En este sentido, habría que preguntarse cómo Lucrecia se hubiera representado a sí misma. A lo largo de la historia han sido los hombres quienes se han encargado de traducir, a su manera, el dolor femenino, pasando necesariamente por un filtro y siempre buscando un concepto de mujer santa o mártir para tolerar su diferencia. Mi obra *Cabeza-Espiral-Agujero-Puño-Esperma-Nudo* es una respuesta contra esa beatificación de la mujer para ser aceptada por la mirada del otro. Surgió en un momento de crisis creativa y existencial, en donde parecía que el arte solamente se podía dar a cuchilladas, como surgiendo a pesar de ti misma. Donde vulnerabilidad y fuerza palpitan como dos pulsos contrarios que van más allá del propio volumen físico. Las chaquetas de cuero gastadas, en crucifixión, sirven de peana a esas formas que emergen por la espalda. Suelo encontrar un filón en despojos que nadie quiere, como cuando dices en una entrevista que se trata de extraer oro no de la excelencia de los demás, sino del residuo de los demás.

AFM: Tal cual. Esa frase es de *Teoría general de la basura*. Me explico. La excelencia hay que conocerla, pero para crear algo valioso, útil intelectualmente y verdaderamente nuevo, has de ir a los residuos de las obras de quienes nos precedieron, has de ver qué se desechó en su momento –qué fue considerado basura–, y cómo eso te puede servir hoy de materia prima futura. Así hizo Cervantes en el *Quijote* con los predecesores libros de caballerías, así hizo Einstein con Newton, así hizo Goya con Velázquez, etc. Y, en realidad, es muy lógico: de la excelencia de una obra ya no podrás extraer nada que la supere, pues la excelencia, por definición, es superlativa, no puedes ir más allá de ella. Hay que ir a sus bordes, a sus zonas impuras, sus fronteras.

ALA: Y siempre latentes los opuestos que se rozan, como en estas dos frases tuyas: «La vida escribe la ficción que nosotros jamás nos atreveremos a escribir» y «La memoria es literatura o no lo es». No sé si eres de esos escritores que sufren terror cuando comienzan un nuevo libro.

AFM: No, nunca sufro cuando escribo, ni cuando comienzo ni en el proceso, todo lo contrario, es una investigación que viene movida por la ilusión, algunas veces ves una luz que te ilumina de un modo que de repente lo visualizas todo, otras veces lo ves todo oscuro, pero eso forma parte del vivir mismo. Trabajo sin plan previo, nunca sé lo que voy a escribir al día siguiente, se convierte así en un organismo vivo, como una planta que ves crecer cada día, no sabes qué hoja será la siguiente en aparecer. Y, en efecto, creo que eso que llamamos memoria no es un relato de lo ocurrido (o como decía Deleuze, la memoria no es un archivo), sino que es algo que se construye desde el presente, por lo tanto habla del nosotros hoy, no de lo «realmente» ocurrido.

ALA: Como cuando cuentas en tu último libro que te empeñaste en llevar a casa una bola de nieve. Me rebota a uno de mis referentes, al que recurro cuando no sé por dónde empezar un proyecto. Se trata de David Hammons, en concreto de su obra *Bliz-aard Ball Sale,* de 1983, cuando se colocó en la calle con otros vendedores ambulantes en pleno invierno en Manhattan, simulando que vendía bolas de nieve de diferentes tamaños, colocadas en perfecto orden sobre una manta. Es el artista quien mejor defiende su trabajo y, por ello, decide cómo estar presente. Va a ser a la intemperie y sin intermediarios donde mejor puede testar su obra. Parece decir: «[…] este soy yo, un artista vulnerable que no aspira a mostrar destreza alguna; trabajo con ideas que son una nada sobre la nada; sé lo que ocurrirá con mi obra cuando abandone este mundo». Con una aparente inmovilidad, se contrapone a los acontecimientos en ráfaga de una ciudad como Nueva York. Esos puntos de nieve evocan el pequeño gesto cuando comienzas algo. Se va a ir agrandando, hasta que te das cuenta de que el simple ímpetu de hacer es la obra final. Y sabes que si se desvanece ese impulso lo pierdes todo.

AFM: Bueno, esa obra de Hammons para mí es una de las piezas conceptuales mejor acabadas del arte de la segunda mitad del siglo XX. Y, la verdad, es curioso, pero no la había filiado con esa anécdota de mi libro *Madre de corazón atómico* (¡gracias!). Por otra parte, has dado en un clavo importante: es el propio artista quien mejor defiende su trabajo. Particularmente, en tu caso, siempre me ha sorprendido la fuerza de tus argumentos, tu perseverancia y cuidado de tu «idea de obra», así como la precisa elección de lugares expositivos, no dejarte llevar por fáciles cantos de sirenas, la integridad artístico-ética. Y creo que es algo que tiene que ver con otra integridad, que es la del artista en su estudio, trabajar para sí mismo antes que para una exposición en concreto. Lo acabas de decir: el simple ímpetu de hacer es la obra final. Y añadiría que una obra es no solo honesta, sino también rica en significados cuando ese ímpetu inicial se halla por entero en el resultado final. Me explico: las obras redondas, las que percibimos como mejor acabadas, son aquellas que al verlas nos parece como si hubieran sido creadas de golpe, como si siempre hubieran estado ahí, y creo que ese «como si siempre hubieran estado ahí» viene aportado por una especie de componente secreto que, en efecto, desde el principio hasta el final la artista ha sabido conservar: aquel ímpetu inicial, el cual, evidentemente, tiene parte de real y parte de fantástico.

ALA: Ya, sí… con esa especie de proceso encadenado entre ficción y verdad. Me gustaría contarte que hace un par de semanas, cuando el avión cerraba las puertas, el comandante dijo que el vuelo iba a durar menos de lo habitual porque trasladábamos un órgano. Nos pedía que fuéramos respetuosos a la salida, cuando llegáramos a destino, que nadie se levantara hasta su previo aviso. Se produjo un silencio reverencial ante algo que nadie podía ver, pero sí imaginar. Todo el mundo, en cuestión de segundos, cambió la expresión, como si ya nos hicieran partícipes de un acto litúrgico que comenzaba allí. Me había llevado la biografía de Ludwig Wittgenstein, escrita por Ray Monk, que, por cierto, tú me recomendaste hace mucho tiempo y que nombras en tu libro. En ese momento pensé en la idea de transferencia: yo leyendo una biografía sobre Wittgenstein, que tú te pararas en una anécdota donde se refiere a cuando este defiende que una contradicción no conduce a ninguna parte, que simplemente te paraliza, y que yo estuviera leyendo ese fragmento mientras todo el avión flotaba con una especie de parálisis durante todo el trayecto.

AFM: Bueno, alucino, toda esta anécdota que me cuentas es de principio a fin sobrecogedora, de una potencia y belleza inusitadas; de hecho, te la voy a copiar para algún libro, no sé dónde ni cuándo, pero lo haré, que quede aquí constancia… [risas]. Las transferencias entre las obras/personas/situaciones son, de hecho, nuestro material en bruto, nuestra materia prima. Siempre digo que *saber escribir es saber relacionar.* Escribir bien no tiene nada que ver con frases bonitas, sino con saber unir, conectar términos que estaban separados. Así actúan también la ciencia, las artes y, en general, tal es la definición del hecho metafórico mismo. Y ahora que hablamos de relaciones, ya he comentado la relación que he visto entre tu última exposición, «Soy Palacio/ Soy Establo», celebrada en Es Baluard Museu, con otras exposiciones tuyas anteriores, así como las relaciones, fundamentales y pioneras, que hasta muy entrados los 2000 has establecido entre la práctica escultórica y la sociedad de consumo de masas para darle otra vuelta a lo aparente, y en todo ello, así como en piezas tuyas que son ya referenciales, como la insuperable *Mujeres sobre zapatos de plataforma* (1993), *Pabellón de Escultura* (2008), *Todos los conciertos, todas las noches, todo vacío* (2009), o en una de mis preferidas, *Lazos de sangre* (2014), veo una fortísima relación con temas que tienen que ver con la metafísica, sí, con una especie de trascendencia a través del vacío que hay en toda carnalidad. En este sentido, veo tu obra como un exponente contemporáneo de toda esa tradición que busca un «vacío lleno», y que va del atomismo de Demócrito a las tesis de Oteiza, pasando por el concepto de vacío en la física de partículas (gracias a la física ya sabemos que el *vacío* no es la *nada,* sino que el vacío está lleno de partículas virtuales que se crean y destruyen al instante), o el conocido verso de Jorge Guillén, *Lo profundo es el aire.* Y digo esto porque al utilizar materiales extraídos (según los casos) del pop, del *underground* o recientemente de la artesanía, en una lectura rápida o superficial de tu obra alguien podría pensar que esta trata del hedonismo. Y sí, pero posee también la persistencia de esa otra capa, constante y muy inteligente, de la incesante búsqueda de una, por llamarla de algún modo, *alquimia del vacío.*

ANA LAURA ALÁEZ AND AGUSTÍN FERNÁNDEZ MALLO, A CONVERSATION

Ana Laura Aláez, Agustín Fernández Mallo, original in Spanish.

Agustín Fernández Mallo: It's a pleasure, Ana Laura, to be given the opportunity by the museum Es Baluard to have this conversation with you. For years, your work has not only seemed extremely interesting to me, and certainly one of the most solid in our art scene, but, give or take the obvious differences between art and literature, sometimes I seem to detect lines of force and very similar processes between your artistic work and my literature.

Ana Laura Aláez: I really agree with those lines of force you say we share. Maybe that's why you're one of the people I could communicate best with when I first arrived in Mallorca, back in 2010. You know what? I remember a conversation we had when in *Madre de corazón atómico* you mention that objects used to be metaphysical, that they were manufactured and sold with a being inside, that a soul accompanied them until their total extinction. Of course, we'd have to ask ourselves what we call soul. Throughout my experience, particularly with sculpture, I've noticed that it's the body what reacts first to "the thing", to that entity that's not on the surface but is trembling beneath, because it perceives something that comes before emotion. Then the mind quickly goes to work, but that hit that goes straight to the stomach, to the heart or, if you prefer, to an imaginary organ, is—at least for me—what counts. Afterwards, you can add theoretical make-up, but the first impact tells us whether what we have before us has or lacks a soul.

AFM: That's how I perceive it too. In my case, it's not that I prioritise theory over experience, nor vice versa, but that, as I see it, the human being is affected by a crack, by something that's missing, and that abyss, narrow but infinite, is the space that separates theoretical products (imagination, ideas, mental objects) from experiences. That separation is the very fabric of reality. My idea is that the things we think (theorise) can never be brought exactly to experience, something is always lost along the way; and vice versa, we'll never find a satisfactory theory that explains everything we experience in our flesh. It's in this impossibility, in this inadequacy between theory and experience, in this attempt to fill the gap that exists between the two, that I place a human being's creative desire, and I include the sciences there as well. For example, in your latest exhibition at Es Baluard Museu, "I Am a Palace / I Am a Stable", curated by Frederic Montornés, I observe something that you've been theorising and elaborating for many years in your work, but with other materials: instead of leather, chains or objects associated with underground culture, you've used esparto ropes and shades, and materials used in ancestral crafts. And, in general, that's in line with what I've sometimes called *aesthetic nomadism*, which I also participate in. Let me explain: the impression I get when I see your work as a whole, over an almost 35-year-long career, is that it's the result of being in transit without a fixed root. Both your interests and your formalisations are very plastic, versatile, playful, rich in allegorical subtleties and the intersection of many semantic layers.

ALA: The aesthetic nomadism you refer to also corresponds to an existential wandering. Perpetuating any ideology of origin or of belonging to a place has never been a priority to me. When danger lurks, there's no time for big banners, you just focus on action: you start to defend yourself, you fall, you get up and start all over again. Since I was a child, I've always tried to decipher any situation that's marked by gender inequality. Transhumance also involves dissolving into a liquid identity, in perpetual mutation, with imaginary locations. In the background there's a longing to find a refuge where you're allowed to be. When I made *She Astronauts,* my first installation, in 1997, all this was still very fresh. That's when I began to experiment with other possible ways of working thanks to the benefits of feeling autonomous.

AFM: Yes, and that nomadic instinct, free of too many previously fixed structures and rich in complex, living, porous organism-like structures inevitably leads to three things that seem important to me in your work: 1) your installation layouts seem to be driven by a real conceptual instinct that searches and rummages in the very fabric of reality, in the crack and abyss I referred to earlier; 2) your absence of aesthetic prejudices when choosing the materials that serve your purposes, regardless of where these materials come from, even often reconceptualising those that, due to circumstances and specific moments in life, you simply have at hand; and 3) as a consequence of all this, the work you generate always speaks of a contemporaneity, of what is happening "out there", work that without renouncing the unmistakable "Ana Laura Aláez aura", reads and reinterprets our shared habitat. You always have a story to share, in every exhibition you have something to tell us, something that concerns us, it isn't a mere formalisation of materials.

ALA: It's moving that you should say this. It's clear that we all question the same thing, starting with "what are we doing here?", but from different perspectives. I was telling you that when I began my artistic practice I didn't expect any kind of recognition. In my context it seemed that art wasn't meant for someone belonging to the working class, and even less so if you were a woman. That sort of prohibition meant desiring a path that was apparently useless: it was the locked door of the castle, where you lurk around hiding until the male monster falls asleep to steal the key. Working independently of an external demand is something I take great care of. In this sense, I remember *Kalostra,* an experimental pedagogical project given by and for artists, when on the first day I told the participants to imagine that it was our last chance to make something. I like it when all that life force that's battling with our inner beast seeps into the work. With that animal-like force that devours itself.

AFM: To this I can say that, in effect, poetry always works against something, it's not an explicit, definite struggle, much less an ideologised practice that only seeks uncritical followers and supporters, but aims to create a poetics and an experience of the world. There are people who believe that the world is out there, already created and ready to be discovered, but it's not like that, the world is created at every moment through language, and that language is within us, we have to invent it ourselves. When you talk about your beginnings and the aesthetic and moral prohibitions of the scene it makes me laugh, because it reminds me of when I started out in literature, when a poem was never supposed to talk about science or technological subjects, much less questions related to advertising or mass consumption, and I remember writing a poem about bar codes, those beautiful objects, typical of contemporary metaphysics, and the classic literary circles used to tell me it was forbidden, that it was taboo to talk about these things in poetry. I took no notice. Everything that human beings do can be poetised, from a screw to genetic theory to a piece of orange peel. Time, Ana Laura, has proved us right. There's a reason why we meet very young artists and writers who tell us they use us as references. Specifically, in your case, budding artists and art students rediscovered your work and career following your exhibition at the CA2M, curated by Bea Espejo. As an anecdote: in the last documenta in Kassel, which I went to, there were a couple of installations that brought club culture and partying into the installation space, and then I remembered that you were the first person in our art scene to bring a night club into a museum, in the year 2000, and no more and no less than in the Reina Sofía, under the title *Dance & Disco.* I think that says a lot about your avant-garde approach.

ALA: It's the new generations who appreciate that installation. *Dance & Disco* resulted in very negative criticism directed towards me. It's a good thing that, from the very beginning, I forced myself not to succumb, because if not, you're left without a voice… ugliness emerges in your eyes and in your flesh. But there are tremendous epitomes of female stigma, for example Sinéad O'Connor. My best travelling companions are always people who've been to hell and back.

AFM: Look, many years ago we said that what an artist can never do is ask for forgiveness. The work is done, full stop. One takes risks and, of course, one is subject to criticism and possible consequences. But there's nothing more humiliating than an artist apologising for their work or justifying it too much in the face of the pressure of a new religion called public opinion.

ALA: Absolutely. Art isn't democratic. You yourself say that when you get the feeling you're spying too much on your own life, you need to look away, I imagine, more than out of a sense of decorum, so as to not cross a self-referential boundary. As if by stopping and looking too much you realise that an unwanted sentimentality emerges, and also because you don't want to stick to the order of the facts.

AFM: That's true, in each book in particular, and also in general. If we look at our own paths, we realise the continuity between the works. I see my books, as well as my occasional incursions into music, art or spoken word, as a continuum, a single work that attempts to create a particular poetics of my physical and virtual environment. That's why sometimes I return to the same themes, but in other contexts, and therefore those themes become something else. It's a kind of self-appropriationism. As you know, in my book of essays *Teoría general de la basura* I deal with the issues of appropriationism in art, science and consumer society. It's a sort of anthropological theory that I've elaborated, and it's precisely within this framework that I frame some of your practices. For example, a few months ago, I saw a piece of yours in an exhibition at the Galería Pelaires. It was composed of orange peels made by darning and wires, which I understand as a metaphor for the peeling of a body, an idea that in itself is genesic and exciting. But I was impressed that it was dated between 1995 and 2024, that's to say, a piece that was already made and has been reworked and has mutated over time, and that, obviously, in different spatial and temporal contexts has taken on new semantics. That self-appropriationism that generates richness and real reflection on, for example, the question of what a living body is, since, after all, every body is exactly that, a constant mutation, without a single skin that lasts forever.

ALA: Those leaps in time underline or deform certain issues that weren't entirely visible in the first place. A kind of epistolary relationship is established with the work of others that forces you to update your own. I remember when the Museo de Bellas Artes de Bilbao exhibited one of my sculptures alongside one of Cranach the Elder's versions of *Lucretia*. That very special circumstance made me think that the two works had something in common. I'm referring to a different degree of representation of violence. In the case of *Lucretia*, it's a question of expressing nothing more and nothing less than a suicide. An act of no return against herself, for recognising her inability to live with the dark, lifelong side effects of rape. In this sense, one has to ask how Lucretia would have represented herself. Throughout history, it's men who've been in charge of translating female pain, in their own way, necessarily passing through a filter and always seeking a concept of a saintly or martyred woman to tolerate their difference. My piece *Cabeza-Espiral-Agujero-Puño-Esperma-Nudo* is a response against the beatification it seems women have to experience in order to be accepted by the gaze of the other. It came out during a moment of creative and existential crisis, when it seemed that art could only come out slashing, as if emerging in spite of one's self. When vulnerability and strength pulsate like two opposing pulses that go beyond one's own physical volume. The worn out leather jackets, in crucifixion, act as a base for the forms that emerge from their backs. I tend to find gold mines in the scraps that nobody wants, like when you said in an interview that it's a question of extracting gold not from the excellence of others, but from their residue.

AFM: Exactly. That sentence is from *Teoría general de la basura*. Let me explain. Excellence must be recognised, but to create something valuable, intellectually useful and truly new, you have to look through the residues of the works of those who preceded us, you have to see what was discarded at the time—what was considered rubbish—and how that can serve you today as future raw material. This is what Cervantes did in *Don Quixote* with previous books on chivalry, what Einstein did with Newton, what Goya did with Velázquez, and so on. And, in fact, it's very logical: you can no longer extract anything from the excellence of a work, anything that surpasses it, because excellence, by definition, is superlative, you can't go beyond it. You have to go to its edges, to its impure zones, its boundaries.

ALA: And the opposites that rub up against each other are always latent, as in these two sentences of yours: "Life writes the fiction that we never dare to write" and "Memory is literature or it isn't." I don't know if you're one of those writers who suffers terribly when they start a new book.

AFM: No, I never suffer when I write, neither when I start nor in the process, on the contrary, it's an investigation that's driven by excitement. Sometimes you see a light that illuminates you in such a way that you suddenly visualise everything, other times you see everything dark, but that's part of life itself. I work without a prior plan, I never know what I'm going to write the next day, it becomes a living organism, like a plant that you see growing every day, you don't know which leaf will be the next to appear. And, in effect, I believe that what we call memory isn't an account of what happened (or as Deleuze said, memory isn't an archive), but something that's constructed from the present, therefore it speaks of us today, not of what "really" happened.

ALA: Like when you mention in your latest book that you were determined to take home a snowball. It reminds me of one of my references, to someone I turn to when I don't know how to begin a project. I'm talking about David Hammons, specifically his piece *Bliz-aard Ball Sale*, from 1983, when he stood in the street with other street vendors in the middle of winter in Manhattan, pretending to sell snowballs of different sizes, placed perfectly on a blanket. Artists are the ones who best defend their own work and, therefore, decide how to be present. It's out in the open air and without intermediaries where he can test his projects best. He seems to be saying: "This is me, a vulnerable artist who doesn't aspire to demonstrate any skill; I work with ideas that are nothing about nothing; I know what will happen to my work when I leave this world." With apparent immobility, he stands in contrast to the flurry of events in a city like New York. Those snowballs evoke the small gesture that takes place when you start something. It's going to get bigger and bigger, until you realise that the simple impulse to create something is the final work. And you know that if that impulse fades, you lose everything.

AFM: Well, for me, that piece by Hammons is one of the best finished pieces of conceptual art from the second half of the 20th century. And, actually, it's funny, but I hadn't connected it with that anecdote in my book *Madre de corazón atómico* (thank you!). On the other hand, you hit an important nail on the head: artists are the ones who best defend their own work. Particularly, in your case, I've always been surprised by the strength of your arguments, your perseverance and care for your "idea of a work", as well as the precise choice of exhibition venues, not letting yourself be carried away by simple siren songs, and your artistic-ethical integrity. And I think it has something to do with another integrity, that of the artist in their studio, working for themselves rather than for a specific exhibition. You just said it: the mere impulse to create is the final work. And I'd add that a work isn't only honest, but also rich in meaning when that initial impulse is entirely present in the final result. Let me explain: well-rounded works, the ones we perceive as the best finished, are those that when we see them it seems as if they were created all of a sudden, as if they'd always been there, and I believe that this "as if they'd always been there" is given by a sort of secret component that, in fact, the artist has managed to preserve from the beginning to the end: that initial impulse, which, evidently, is partly real and partly fantasy.

ALA: Sure, yes… with that sort of intertwined process between fiction and truth. I'd like to tell you about something that happened a couple of weeks ago. When the plane I was travelling on was closing its doors, the captain announced that the flight was going to be shorter than usual because we were transporting an organ. He asked us to be respectful upon arrival, when we reached our destination, that no one was to get up until he gave us permission. There was a reverential silence in the face of something that no one could see, but everyone could imagine. In a matter of seconds, everyone's facial expression changed, as if we were being made participants in a liturgical act that began right there and then. I was reading the biography of Ludwig Wittgenstein, written by Ray Monk, which, by the way, you recommended to me a long time ago and you also mention in your book. At that moment I thought of the idea of transference: me reading a biography about Wittgenstein, you focusing on an anecdote where he argues that a contradiction leads us nowhere, that it simply paralyses us, and me reading that fragment while the whole plane was floating as if paralysed during the whole journey.

AFM: Well, this blows my mind, this whole story you're telling me is quite overwhelming from beginning to end, it's unusually powerful and beautiful; in fact, I'm going to copy it for one of my books, I don't know where or when, but I will, mark my words… [laughter]. The transferences between works/people/situations are, in fact, our raw material. I always say that *knowing how to write is knowing how to relate things.* Writing well has nothing to do with nice-looking sentences, but with knowing how to join and connect terms that were previously separated. This is also the way science, the arts and, in general, this is the definition of the metaphorical fact itself. And now that we're talking about connections, I've already commented on the connection I see between your latest exhibition, "I Am a Palace / I Am a Stable", held at Es Baluard Museu, and some of your previous exhibitions, as well as the fundamental and pioneering relations you established between the practice of sculpture and mass consumer society, well into the 2000s, giving another twist to that which seems apparent. In all of this, as well as in pieces of yours that are already references, such as the unsurpassable *Mujeres sobre zapatos de plataforma* (1993), *Pabellón de Escultura* (2008), *Todos los conciertos, todas las noches, todo vacío* (2009), or in one of my favourites, *Lazos de sangre* (2014), I see a very strong connection with themes that have to do with metaphysics, yes, with a certain transcendence through the emptiness that exists in everything that's carnal. In this sense, I see your work as a contemporary exponent of that whole tradition that seeks a "full void", and that goes from the atomism of Democritus to the theses of Oteiza, passing through the concept of emptiness in particle physics (thanks to physics we already know that *emptiness* is not *nothingness,* but that the void is full of virtual particles that are created and destroyed instantly), or Jorge Guillén's well-known verse, "Deep is the air." And I say this because by using materials taken (depending on the case) from pop and underground culture, or more recently from crafts, based on a quick or superficial reading of your work someone might think that it's about hedonism. And yes, it is, but it also possesses the persistence of another layer, one that's constant and very intelligent, of the ongoing search for what we may call the *alchemy of emptiness.*

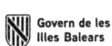 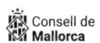  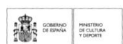

EXPOSICIÓ

Organització
Es Baluard Museu d'Art
Contemporani de Palma

Comissariat
Frederic Montornés

Coordinació
Jackie Herbst
Solange Artiles

Registre
Soad Houman
Rosa Espinosa

Muntatge
Art Life
Es Baluard Museu

Transport
Xicarandana
Crisostomo

Assegurances
Correduría Howden R.S.

PUBLICACIÓ

Aquest llibre es publica amb motiu
de l'exposició «Ana Laura Aláez.
Som Palau / Som Estable» un
projecte produït per Es Baluard
Museu d'Art Contemporani de
Palma, que va tenir lloc del 26
d'abril fins a l'1 de setembre de 2024

Este libro se publica con motivo de
la exposición «Ana Laura Aláez.
Soy Palacio / Soy Establo», un
proyecto producido por Es Baluard
Museu d'Art Contemporani de
Palma, que tuvo lugar del 26 de
abril al 1 de septiembre de 2024

This book is published on the
occasion of the exhibition "Ana
Laura Aláez. I Am a Palace / I
Am a Stable", a project produced
by Es Baluard Museu d'Art
Contemporani de Palma, which
took place from 26th April to 1st
September 2024

Editor
Fundació Es Baluard Museu d'Art
Contemporani de Palma

Coordinació
Es Baluard Museu

*Disseny de la línia gràfica de la
col·lecció*
hastalastantas

Disseny i maquetació
Daniel Gerhard Holc
www.designbaustelle.de

Tèxtos
Ana Laura Aláez
Agustín Fernández Mallo
Frederic Montornés

Traduccions
Àngels Álvarez
la correccional

Impressió i enquadernació
Imprenta Bahía

Crèdits fotogràfics
David Bonet, p. 5-11,15-21, 25-31,
37, 118
Joan Sastre, p. 32-33
Ana Laura Aláez, portada, p.
52-59, 65-67, 110-117, 121, 128-132, 135
Pablo Ballesteros: p. 60-61
Elssie Ansareo: p. 62-63
Lúa Oliver: p. 103
Jordi Nieva: p. 104-105
MUSAC. Fotografia: Imagen Mas:
p. 106-109
Susana Bilbao: p. 122-124
Concha de Aizpuru: p. 125-126

© de la present edició, Fundació
Es Baluard Museu d'Art
Contemporani de Palma, 2025
© de les obres, Ana Laura Aláez,
VEGAP, Illes Balears, 2025
© dels textos, els autors

ISBN: 978-84-10136-17-5
DL PM 00108-2025

Agraïments
Es Baluard Museu desitja expressar
el seu més profund agraïment
a Ana Laura Aláez i a Frederic
Montornés, la implicació dels
quals ha fet possible la realització
d'aquest projecte, i a Agustín
Fernández Mallo per la seva
col·laboració en la publicació.

L'artista i el comissari desitgen
agrair a:
Daniel Gerhard Holc, Txomin
Badiola, Maira Miramar, Albert
Jordana, Imma Prieto, Eva Mulet,
Frederic Pinya

Artesans Mallorca
Magdalena Vidal, Pep Toni Ferrer

Artesans Eivissa
Pepita Cardona, Miguel Moreno,
Isidro Prats, Xicu Tur

Ferrer
Gus Vilches

Galería Pelaires, Fundació Ses
Dotze Naus

www.analauraalaez.com

WWW.ESBALUARD.ORG
#ANALAURAALAEZESBALUARD
@ESBALUARDMUSEU